젊어서 노후 준비
퇴직 후 노후 실천

젊어서 노후 준비
퇴직 후 노후 실천

1판 1쇄 발행 2023년 06월 29일

저자 박동선

교정 주현강　**편집** 김다인　**마케팅·지원** 김혜지

펴낸곳 (주)하움출판사　**펴낸이** 문현광

이메일 haum1000@naver.com　**홈페이지** haum.kr
블로그 blog.naver.com/haum1000　**인스타그램** @haum1007

ISBN 979-11-6440-381-3(03320)

좋은 책을 만들겠습니다.
하움출판사는 독자 여러분의 의견에 항상 귀 기울이고 있습니다.

노후 생활 지침서

젊어서 노후 준비
퇴직 후 노후 실천

작가 박동선

머리말

　　노후 생활, 퇴직 후 생활, 인생 2막, 노년 생활, 실버 라이프….

　　모두 비슷한 말입니다.

　　과거에는 별로 와닿지 않던 단어들을 최근 자주 읊조리게 되고 자주 눈으로 목격하는 것은 수명이 길어져서 그런 것일 것입니다.

　　옛날 우리 아버지 때 봐 온 노후는 별로 길지 않았던 것 같습니다.

　　퇴직하자마자 몇 년 안 되어서 돌아가셨던 기억이 있는데 제가 지금 그 나이가 지났는데 전 아직 청년(?)입니다.

　　'길어진 노후를 어떻게 보내지?' 하고 노후 생활, 실버 라이프를 생각하다가 유튜브를 하게 되었고, 책도 쓰기 시작해서 백세라이프연구소까지 생각하게 되었습니다.

　　내친김에 강의도 하면서 인생 2막을 살아야겠다고 생각했습니다.

　　이 책은 젊은 분에게는 노후를 설계하는 지침서가 될 것이며 이미 퇴직

한 분에게는 노후 실천 방법을 알려 주는 책이 될 것입니다.

저의 경험과 유튜브 방송 등을 통해서 공부한 것을 펼쳐 보았습니다.

부디 이 책을 통해서 노후와 퇴직 이후를 멋지게 보내시어 성공한 삶을
마무리하시기 바랍니다.

2023. 06.

백세라이프연구소 소장

박동철

목차

제 1강의

노후 주택 어디가 좋은가

　오늘은 은퇴 후 어디에서 사는 것이 좋은가에 대해서 말씀을 드리겠습니다.

　위치뿐만 아니라 주거 형태와 경제적인 관점에서까지 설명을 드려 보겠습니다.

　보통 은퇴 후 한적한 곳이나 시골에 전원주택을 짓고 살고 싶은 마음을 가지신 분들이 우리 주위에 많이 있습니다.

　더 이상 철창 같은 시멘트 덮인 도시에 살지 않고 공기 좋고, 물도 맑은 산과 바다에 둘러싸여 여유롭게 벤치에 앉아 차를 마시면서 책을 읽고 나무에 걸친 해먹에 누워 낮잠 한숨 때리면서 강아지와 닭을 키우며 목가적인 모습으로 살고 싶은 마음이 있을 겁니다.

　또 집 앞 텃밭도 가꾸고 꽃도 나무도 가꾸면서 남은 생을 여유롭게 살면서 지는 노을처럼 멋지게 인생을 마무리하는 것은 누구나 갖고 있는 로망입니다.

그렇지만 현실은 녹록지 않습니다.

전원주택이나 시골집 같은 주택들은 보통 도시에서 멀리 떨어져 있어 생활하는 데 엄청 불편합니다.

나이가 들면 병원에 자주 가게 되는데 병원에 가려면 한참 걸리게 되고 또 먼 곳에 살면 친구들이나 자식들을 만날 때 어려움이 있습니다.

친구나 자식들이 오면 되지 않느냐고 생각하지만 젊은 사람들은 바쁜 생활을 하기에 주말에 잠깐 짬을 내서 올 때 시간이 많이 걸리면 한두 번 오다가 애가 아프다거나 학원에 가야 한다고 핑계를 대면서 오지 않게 됩니다.

그렇게 되면 식구들, 친구들과 관계가 멀어져서 노년 생활 중 외톨이가 되고 나 홀로 갇혀 사는 감옥 같은 생활을 하게 됩니다.

또 전원주택, 시골 주택 등에서는 이동하려면 자동차가 있어야 하는 경우가 많습니다.

나이 70이 넘어서 운전을 하는 것도 쉬운 일이 아닙니다.

게다가 유류비나 차량 유지비, 보험 등 차에 들어가는 비용이 만만치 않습니다.

또 시골은 종교 시설도 멀리 있고 쇼핑몰, 병원도 없고 공공 기관이 제공하는 많은 서비스 시설을 이용하기도 수월하지 않습니다.

또 전원주택이나 시골 주택은 집을 지을 때 완벽하게 단열이나 보온 조치를 하지 않아서 겨울에 굉장히 춥습니다.

그렇게 되면 겨울에 보일러를 돌릴 때 그 비용이 엄청납니다.

기름보일러, 화목 보일러, 가스보일러 등이 있으나 그 비용이 상상외로 많이 나갑니다.

제 지인이 겨울 연료비가 1달에 100만 원도 더 들어간다고 혀를 차는 것을 봤습니다.

결국 돈을 아낀다고 겨울에 춥게 살게 되고 실내에서도 파카를 입고, 텐트를 치고 살게 되고 결국에는 병원 신세를 지게 되고 맙니다.

그러면 이렇게 하겠다고 하지요. 자기가 직접 집을 짓겠다고요.

그러나 건축 문외한이 건축업자를 불러서 집을 짓겠다고 하면 전부 속게 되고 돈은 돈대로 들고 집은 엉망으로 만들어서 평생 집을 고치다가 얼마 남지 않은 아까운 인생은 다 가고 맙니다.

그럼 이미 지은 집을 사겠다고 하시는데….

지금 있는 전원주택들은 거의 다 집 장사들이 지은 집이라서 겉만 번지르르하지 속은 엉망인 집이 많습니다.

그래서 살다 보면 방음, 방수, 결로, 보온 등등 모두 문제투성이가 되어서 집이 애물단지가 되게 됩니다.

그러면 노후에 어떤 형태의 집에서 살아야 할까요?

미국, 호주, 캐나다, 유럽 등은 거의 다 단독 주택에 사니까 그 나라들은 전원주택이나 시골 주택을 모두 잘 지어서 크게 걱정 없이 살고 있습니다.

그것은 그들의 전통이고 문화라고 할 수 있지요.

그러면 우리나라는 어떤 주택이 전통이 되고 문화가 되었을까요?

그건 바로 아파트입니다.

우리나라는 1960년대부터 약 60여 년 동안 아파트를 짓고 부쉈기에 세

계 어떤 나라보다 아파트를 잘 짓는다고 봅니다.

우리나라의 아파트는 전원주택이나 단독 주택보다 견고하고 따뜻하게 그나마 잘 지었습니다.

또 아파트들은 도심 속에 자리 잡고 있기 때문에 병원, 쇼핑몰, 공공 기관 서비스 이용 등에서 탁월한 장점을 갖고 있습니다.

또 만 65세 이상이 되면 지하철을 공짜로 이용하게 되는데 대다수 아파트는 지하철역 가까운 곳에 많이 있어서 이용이 편리하고 교통비가 들지 않습니다.

차비 하나 안 들이고 친구를 만나고 공원에 다니고 병원에 가고 식구들, 친구들을 만날 수 있어 참 좋습니다.

그리고 아파트는 집 안 관리가 간편합니다.

청소도 전원주택보다 편하고 외출할 때 문만 잠그고 나가면 불안하지 않고….

그래서 노후에 정말 편한 집입니다.

전원주택이나 시골 주택에서는 외출 한번 하려면 힘듭니다.

집에 있는 물건을 도난당할까 걱정하게 되고 키우고 있는 강아지, 닭 등 동물들까지 신경 써야 합니다.

또 아파트의 장점은 나중에 팔 때 현금화를 하기가 쉽습니다.

전원주택이나 시골 주택은 집을 팔려면 애를 먹습니다.

매수자가 나타날 때까지 시간도 오래 걸리고 매수자가 나타나 팔리더라도 시세의 반도 제대로 못 받고 팔게 됩니다.

"내가 안 팔면 되지."라고 하는데….

그럼 상속을 하는 방법밖에 없는데 상속을 받은 자식이 그 집을 팔려면 어떻게 되겠습니까? 제값도 못 받고 팔게 됩니다.

이러저러한 사정으로 우리나라에서는 아파트가 답입니다.

아파트가 좀 답답한 면이 있지만 그래도 아파트라고 생각합니다.

그러면 노후에 어떤 아파트를 사라는 걸까요?

제 생각에는 산이 가까이 있고 지하철역이 가까운 아파트는 노후에 괜찮을 거라고 생각합니다.

노후에 할 일이 없어서 시간을 보내기 힘들어하는 분이 많은데 등산을 취미로 삼으면서 살면 어떨까요?

등산을 취미로 삼으면서 노후를 보내면 어떨까요?

그러면 시간도 잘 가고, 건강해지고 취미 생활을 하는 데 돈도 안 들고…. 1석 3조 아닌가요?

우리나라 서울 근교에는 산이 많습니다.

도봉산, 북한산, 소요산, 관악산, 북한산, 청계산, 광교산 등….

산 가까이, 그러니까 도보로 바로 갈 수 있는 역에서 가까운 아파트를 구입하는 것이 좋습니다. 노후에 등산을 즐기면서 사는….

그리고 역도 가까우니까 친구들, 친지들, 가족들 만나기도 수월하고 운전을 안 해도 되니까 경제적 비용이 적게 들어 좋고….

역에서 가까운 아파트는 가격이 비싸다고요?

그러면 역에서 걸어서 한 15분에서 20분 정도 거리의 아파트는 어떤지요?

이렇게 역에서 걸어서 15분에서 20분 정도 거리의 아파트는 역 근처에 있는 아파트보다 2억 정도 싸니까 남은 돈은 노후 자금으로 쓰시면 좋고요.

그럼 얼마짜리 아파트를 사란 말일까요?

이렇게 산 근처와 역에서 15분에서 20분 정도 걷는 지역의 아파트로 정했으면 자기 돈에 맞는 가격을 살펴봐서 어느 산 쪽을 갈 것인가를 정하고 적당한 아파트를 고르면 되는데….

기존 아파트에 살면서 노후 자금이 넉넉하면 크게 걱정할 필요가 없겠습니다.

하지만 노후 자금이 적으면 앞으로 100살까지 살아야 하는데…. 돈이 모자라면 지금 집을 팔고 다운사이징을 해서 집을 옮기라고 권해 드리고 싶습니다.

그렇게 해서 작은 사이즈의 저렴한 비용으로 살 수 있는 곳으로 옮기시면 세금도 적게 나오고 관리비도 줄고 그 절약한 돈으로 노후 생활을 하시면 되지 않을까 생각합니다.

경제적으로 버거운 아파트를 하나 가지고 끙끙대지 말고 작은 아파트, 싼 아파트, 산과 가까운 아파트를 사고 등산 취미를 가지면서 건강을 찾고 시간도 보내고, 노후 자금 걱정도 덜고 여유롭게 사는 방법은 어떨까요?

실속 있고 풍요로운 노후 생활을 하세요.

제 2강의

02

나이 들어서 쳐다보지도 말아야 할 주택

나이 들어서 절대로 투자해서는 안 되는 주택, 사지 말아야 할 주택은 어떤 것이 있을까요?

나이가 들면서 제 주위의 친구들이나 친지들 중에서 전원주택에서 살기를 원하는 사람들을 자주 목격하게 됩니다.

특히 제 아내가 틈만 나면 전원주택, 전원주택 노래를 합니다.

텔레비전에서 또 유튜브 영상에서 전원주택이 나오면 더욱더 큰 소리로 이야기합니다.

전원주택에 가서 텃밭 가꾸고, 개 키우고, 닭 키워서 달걀 받아먹으면서 살자고요.

그럴 때면 저는 한숨만 쉬고 말아 버리죠.

처음에는 전원주택의 문제점을 이야기하면서 설득하려 했으나 이제는 그것도 귀찮아서 한 귀로 듣고 한 귀로 흘려보냅니다.

전원주택은 처음에 볼 때는 보기 좋고 살기 좋을 거 같지만 막상 살아 보면 한두 가지의 문제점만 있는 것이 아닙니다.

문제점 첫 번째는 주변 공공시설의 부재입니다.

그것 중 제일은 병원이 멉니다.

나이가 들면 병원에 자주 가게 되는데 병원에 한번 가려면 많이 번거롭고 힘듭니다.

차 운전을 하고 집도 비워야 합니다. 도시에 살면 지하철 1번이면 병원에 도달하게 됩니다.

또 쇼핑몰이 없죠.

쇼핑 한번 하려면 이것도 큰 문제입니다.

도시에서 살면 걸어서 5분, 10분 내로 마켓이 있으니까 얼마나 편합니까. 그런데 전원주택에서 살면 식자재 하나 구입하려 해도 차를 타고 움직여야 하는 번거로움이 있습니다.

전원주택에 살다 보면 또 도서관도 멀고, 문화 센터도 멀고, 극장도, 시장도 멉니다.

아무튼 도시에 있는 공공시설을 이용할 수 없어서 삶의 재미가 떨어지게 됩니다.

문제점 두 번째로는 파리, 모기와의 전쟁입니다.

전원주택은 주로 산과 강을 끼고 짓기 때문에 이곳에는 파리, 모기뿐만 아니라 여러 가지의 벌레가 떼로 몰려와서 여름 내내 그들과의 전쟁을 벌이게 됩니다.

또 가끔 벌도 날아와서 집을 짓고 살아 골치가 아프고 뱀도 나타나서 섬

뜩합니다.

문제점 세 번째는 겨울에 엄청 춥습니다.

집 장사가 집을 지었건 스스로 집을 지었건 우리나라의 단독 주택 시공 능력은 아직 완벽한 보온을 유지하는 기능이 모자라고, 또 돈이 많이 들기에 보온 처리가 허술합니다.

이렇게 허술하기 때문에 겨울에 난방비가 엄청나게 들어가는데 돈이 아까워서 난방 기능을 덜 사용하면 겨울이 지나가는 내내 춥게 살아야 합니다. 집에서 파카를 입고 집 안에 텐트를 치고 살아야 하는 경우도 생깁니다.

또 겨울에 수도 파이프가 동파되고 화장실이 얼어서 문제가 생기고….

결국 겨울에는 도시로 와서 사는 경우도 종종 보고 있습니다.

문제점 네 번째는 전원주택은 1년 내내 보수하면서 살아야 합니다.

잔디 깎아야지, 집 겉면과 지붕 색칠해야지, 화장실 물 새는 거 고쳐야지….

하루도 쉴 수 없게 주택 보수를 해야 하는 문제점이 있습니다.

그러면 사람을 불러서 고쳐야 하는데 돈이 많이 들어갑니다.

문제점 다섯 번째는 전원주택은 나중에 팔 때 제때 팔기가 힘듭니다.

팔려면 거의 반값으로 내놔야 팔립니다.

지금도 경매에 나오는 전원주택이 수두룩합니다. 결국 제때 집을 팔기 어려워서 경매로 처리하는 겁니다.

전원주택에 이러한 여러 문제점이 있으니까 살고 싶으시다면 반드시 월세로 1년쯤 살아 보시고 결정하는 방법도 좋은 방법일 겁니다.

또 나이 들어서 사지 말아야 할 주택은 바로 타운 하우스입니다.

최근에 웰빙 라이프니 욜로니 하면서 자연과 가까운 곳에서 전원주택을 꿈꾸면서 아파트의 커뮤니티를 누리는 타운 하우스들이 여기저기 늘어나고 있습니다.

단독 주택과 아파트의 장점만을 모아서 정원과 담을 공유하는 형태의 주택을 타운 하우스라고 합니다.

요즘 아파트 가격이 비싸니까 타운 하우스가 여기저기 건립되면서 홍보전도 대단합니다.

그리고 솔깃한 가격에 소비자를 현혹하고 있습니다.

전원생활을 하면서 아파트 생활의 장점도 있다고 하고 해서, 또 무엇보다 가격이 싸니까 구매하는 사람들 여럿 봤는데요. 구매해서 들어간 사람들이 모두 후회하고 있다고 합니다.

타운 하우스의 단점을 열거해 보면, 다음과 같습니다.

첫 번째, 주택 간 간격이 좁아서 측간, 옆집과의 소음이 스트레스를 주는 경우가 많습니다.

특히 마당에서 바비큐 파티를 할 때, 강아지를 키울 때, 차량이 진입할 때 그리도 가족 간 대화를 할 때도 옆집에서 들릴 정도이니 신중하셔야 합니다.

분양 가구 수를 늘리려고 주택 간 간격을 좁게 설계했고 또 돈이 아까워 좋은 자재를 쓰지 않아 소음이 옆집까지 들리는 겁니다.

두 번째, 관리가 너무 불편합니다.

많은 사람이 마당 때문에 힘들어합니다. 마당에 있는 잡초, 잔풀 등을 틈

틈이 정리해야 하고 아침마다 마당을 쓸어 줘야 합니다.

또 여름철에는 벌레와의 전쟁을 치러야 하는 고통도 염두에 두셔야 합니다.

세 번째, 매매가 잘 안됩니다.

타운 하우스를 선호하는 사람이 별로 없어서 팔 때 애를 먹습니다.

그리고 마지막으로 관리비가 많이 나옵니다. 세대수가 적어서 공동 관리비가 많이 나오는 단점이 있습니다.

지금까지 타운 하우스 단점을 말씀드렸는데요.

최근에 회사 보유분 특별 분양, 반값 할인 등 혹하게 하는 홍보가 많이 보이는데 주의 또 주의하셔야 합니다.

그리고 나이 들어서 사지 말아야 할 주택 중 하나는 용적률이 높은 아파트입니다.

용적률이란 바닥 면적에 얼마나 많이 높이 올렸는가를 보는 비율인데요. 보통 서울 아파트 용적률은 200%에서 300%쯤 합니다.

이 용적률이 500%가 넘어가면 살기 갑갑하고 나중에 재건축, 리모델링을 할 때 애를 먹습니다.

그래서 시간이 지나면 가격이 하락하게 됩니다.

그리고 용적률이 높다는 것은 아파트 건물도 높이 지었다는 건데요. 그런 집에서 살면 갑갑하고 대인 관계도 단절돼서 노후에 외톨이가 될 수 있습니다.

나이 들어서 좋은 집은 좀 외곽이라도 지하철이 연계되고 용적률이 낮고 조경이 잘 되어서 집에서도 밖 경치를 보고 힐링을 할 수 있는 집, 그런 집이 좋은 집이 아닐까 생각합니다.

　지금까지 노후에 절대로 쳐다보지 말아야 할 주택 3가지, 전원주택, 타운 하우스, 용적률 높은 아파트의 단점에 대해서 말씀드렸습니다.

　노후에 모험하지 마시고 가지고 계신 돈 알뜰하게 쓰면서 좋은 노후를 보내시기 바랍니다.

제 3강의

03

노후 파산을 막을 수 있는 확실한 방법

우리는 지금 100세까지 사는 장수 시대에 살고 있습니다.

이러한 장수 시대에 노후를 준비하고 대비하지 않으면 참으로 불행한 노후를 맞이하게 됩니다.

이 글을 읽는 분이 20대이건 30대이건 50대이건 노후를 준비하는 데는 빠르면 빠를수록 좋습니다.

제가 어렸을 때는 만 60세가 되면 오래 사시었다고 환갑잔치를 크게 해서 온 동네 사람을 초대해 동네잔치를 벌였습니다.

어릴 때 환갑잔치에 따라다니면서 떡이나 약과 등을 얻어먹으면서 환갑의 의미를 어렴풋이 이해하고는 '나도 환갑잔치 때까지는 살아야지.' 하고 생각하던 때가 있었습니다.

그런데 지금 제가 60이 넘은 지 한참 지났으니 어릴 적 꿈을 이루기는 한 것 같습니다.

요즘 환갑잔치를 하면 욕을 먹으니 환갑잔치를 못 한 것이 아쉽기는 하지만 말입니다.

우리나라의 평균 수명이 1970년대에는 남자가 58.6세였으니 환갑도 되기 전에 많은 사람이 죽은 것이 맞기는 합니다.

요즘은 80대에 돌아가셔도 돌아가시기 아까운 나이라고 슬퍼합니다. 최근 우리나라의 평균 수명은 남성은 80세이고 여성은 86세입니다. 90세의 저의 장인은 아직도 정정하셔서 100세 이상도 사실 것 같습니다.

저의 장인어른뿐만 아니라 제 주위에 100세 이상 넘으신 분도 몇 집 건너 한 분씩 계십니다.

수필가 김형석 교수님이 최근 텔레비전에 나온 것을 봤는데 아직도 강의를 하시고 글을 쓰시고 친구분들을 만나시는 것을 보고 깜짝 놀랐습니다. 1920년생이니 100세가 지난 지 한참 됐습니다.

앞으로는 저의 장인어른이나 김형석 교수님처럼 100세 넘게 사는 분들이 많아질 것이라고 생각합니다.

그래서 100세 시대라고 하는 것 같습니다.

정말 재수 없이 120살까지도 사는 거 아닌지 걱정이 앞섭니다.

이렇게 수명은 늘어서 생활비는 많이 나가게 생겼는데…. 벌어 놓은 돈은 없고, 모두가 걱정이 태산 같습니다.

이렇게 오래 살지 모르고 젊어서 노후 준비를 안 한 것이 이제 부메랑이 되어 돌아옵니다.

그래서 젊은 사람들에게 지금부터라도 정신 차리고 노후 준비를 하라고 힘주어 강조하는 겁니다.

저희 때는 노후에 돈이 모자라니 연금을 들어라, 노후 준비를 해라 등 이런 이야기를 별로 들어 본 적이 없었던 것 같습니다.

하지만 젊었을 때부터 미리미리 준비하셔야 합니다.

앞에서 언급했듯이 지금 젊은 사람은 물론이고 50~60대이신 분들도 100살, 아니 정말 120살까지 사는 시기가 올지도 모릅니다.

노후 생활이 이렇게 오래 지속된다면 노후에 걱정이 되는 것은 무엇보다 뭐니 뭐니 해도 머니, 돈입니다.

돈, 노후의 돈, 퇴직은 빨리하고 오래도록 살게 되면 돈을 쓰게 되는데 이 돈을 미리 준비하셔야 합니다.

무엇보다 중요한 건 연금으로 노후를 대비하라고 말씀드리고 싶습니다.

수명이 길어져도 노후 걱정이 없는, 죽을 때까지 꼬박꼬박 나오는 연금이 있는데 그 연금이 바로 국민연금입니다.

국민연금은 국가가 최종적으로 지급을 보장하기 때문에 국가가 존속하는 한 반드시 지급합니다.

설령 적립된 기금이 모두 소진된다 하더라도 그해 연금 지급에 필요한 재원을 그해에 걷어 지급하는 이른바 부과 방식으로 전환해서라도 연금을 지급합니다.

공적 연금 제도를 실시하고 있는 다른 나라에서도 아직 미지급 사태가 있었다는 이야기는 들어 본 적이 없으니 안심하고 들을 수 있는 연금입니다.

그리고 국민연금의 장점은 죽을 때까지 연금이 나오는 거니까 오래 살아도, 120살까지 살아도 걱정이 없습니다.

그런데 문제는 국민연금이 적다는 데 문제가 있습니다.

노후에 생활하려면, 부부가 도시 생활을 하면서 아파트 생활을 한다면 아무리 적게 잡아도 월 220만 원 정도는 가져야 할 것 같습니다.

아파트 관리비 25만 원, 부식비 70만 원, 건강 보험료와 세금 40만 원, 병원비와 약값 10만 원, 취미 생활 및 용돈 30만 원, 교통비 및 모임 참석 20만 원, 통신비 10만 원, 실손 보험료 30만 원. 알뜰하게 적어 본 1달 생활비입니다.

여기서 가끔 이가 속 썩여서 한 번에 몇십만 원에서 100만 원도 넘게 나오는 치과 진료비는 이 항목에 넣지도 않은 겁니다.

그런데 우리나라 2023년도 국민연금 평균 수급액은 61만 7000원이라서 노부부의 도시 생활비에 훨씬 못 미칩니다.

또 직장 생활을 성실히 마친 친구도 130만 원에서 160만 원 정도 타는 것을 보면 국민연금 수령액만 가지고 노후 생활을 한다는 것은 어려워 보입니다.

물론 부부가 같이 직장 생활을 오래 했다든지 공무원, 교사, 직업 군인 출신들은 이야기가 달라집니다만 우리 시대에는 대부분 외벌이 직장 생활을 했기 때문에 부부의 연금액을 합해도 터무니없이 적습니다.

이렇게 국민연금만 가지고 생활하기에 부족한 것은 지금 젊은 세대도 마찬가지일 건데요. 노후를 대비해서 국민연금 하나만 믿지 말고 퇴직 연금으로 국민연금 부족분을 보완하고, 또 매월 얼마씩 저축하여 노후에 연금으로 받는 개인연금 저축까지도 가입하셔서 노후에 연금이 풍족하게 나오는 연금 부자가 되시길 바랍니다.

목돈을 가지고 있으면 쓰게 되고 투자하게 돼서 전부 날아가 버리기도 하니까요.

매월 꼬박꼬박 내 통장에 3개 연금이 꽂히는 연금 설계를 젊어서부터 하셔서 늙어서 돈 걱정 없이 사는 삶이 되시길 바랍니다.

제 4강의

전세 살지 말고 월세 살아라

보통 우리나라 사람들은 주택을 구입하기 전에 전세로 산 후에 어느 정도 돈을 모아서 주택을 구입하게 됩니다.

수십 년간 서민 중산층의 주거 사다리 역할을 한 것이 전세 제도인데 최근 전세 사기, 역전세, 깡통 전세 등으로 전세금을 돌려받지 못하는 경우가 많아서 사회 문제가 되고 있습니다.

저의 지인은 전세 계약 만기를 3개월 앞두고 주택을 구입하기로 하고, 여러 가지 상황을 종합해서 이사 갈 동네와 아파트 평수를 정해 부동산 사무소에 싸게 나온 아파트가 있으면 연락해 달라고 하고 연락을 기다리던 중 가격도 싸고 모든 것이 마음에 들어 계약금을 내고 선뜻 매매 계약을 체결했습니다.

그리고 나서 집주인에게 "계약 만기일에 집을 나갈 테니 전세금을 빼 주세요."라고 문자를 보냈습니다. 당연히 전세금을 돌려줄 것으로 믿고 만기

날짜에 맞춰 이사 준비를 진행했습니다.

그런데 집주인이 전세금을 그 기간에 못 주겠다고 연락이 와서 집을 사려고 계약까지 마친 지인은 기절하였습니다.

집주인은 전세가 나가지 않으니까 보증금을 돌려줄 수 없다고 했습니다. 아파트 전세금이 2년 전보다 무려 3억 원이나 내려서 전세가 그 가격에 나가지 않았던 겁니다.

전세가 나가지 않으니까 배 째라는 식으로 나오니 이렇게도 저렇게도 할 수 없어 환장할 노릇이라고 한숨만 쉬고 있습니다.

법은 멀고 현실은 다가오고 안타까운 사연입니다.

또 제가 알고 있는 한 분은 전세를 살던 집에 가압류 통지서가 날아오고 경매 진행 절차가 진행되는 일이 발생해서 이분도 기절하였습니다.

사연을 알아보니 이 전셋집 집주인이 개인 사업을 하는데 사업이 잘 안되니까 세금도 못 내고 또 여기저기 빚을 내다 보니 이런 사달이 난 겁니다.

최근 전세 사기 피해자가 자택에서 극단 선택을 한 경우도 있습니다.

전세 사기로 사망한 사례는 금년 들어 벌써 4번째입니다.

경찰이 발표한 공식 입장에 따르면 자살한 A 씨는 전세 사기로 집이 경매에 들어갔고 전세 보증금 2억 4천만 원이 사기 계약으로 날아가자 극단적 선택을 했다고 합니다.

전세 보증금 2억 4천만 원도 사실상 대출이었다고 하고, 전세금을 떼이고 대출금까지 갚으려고 하니 결국 극단적 선택을 하고 만 겁니다.

전세 제도가 문제이긴 문제입니다.

나라에서 확정 일자인 제도로 안전장치를 두었다고는 하지만 전세 잔금을 치르는 날 집주인이 금융 기관에서 대출을 받으면 감쪽같이 사기를 칠 수 있는 점에서 착안해 전세 사기꾼들이 확정 일자인 자체도 무기력하게 만들고 있습니다.

또 최근 유행하는 전세 사기는 전세와 매매 계약을 동시에 진행하는 수법으로 하고 있습니다.

동시 진행은 임대인이 변경된 사실을 세입자에게 알리지 않고 고의로 보증금을 반환하지 않는 경우인데 이러한 사기가 전세 사기 100건 가운데 54건이나 있다고 합니다.

최근에는 전셋값이 2년 전보다 하락하여 집주인이 전세금을 못 돌려주겠다고 하는 사례가 많은데 부동산 침체기에는 역전세가 발생해서 결국 나라에서 막아 줘야 하는 문제도 생깁니다.

주택도시공사(HUG)에 따르면 지난해 보증보험에 가입된 임대인이 전세금을 반환하지 않는 보증 사고 규모는 1조 1731억 원으로 2021년 대비 83% 급증했습니다.

주택도시공사는 이 중 9241억 원을 세입자에게 변제했습니다.

2023년 1분기 전세금 보증 사고 건수는 7,974건으로 집계됐습니다.

2022년 2분기 2,393건의 3배를 넘는 수준입니다.

이렇게 깡통 전세, 역전세, 먹튀 전세 등등으로 전세 사기 공화국이라 해도 과언이 아닐 정도로 전세 사기 사건이 심화되고 있습니다. 하지만 문제가 많은 전세 제도를 없애려고 해도 우리나라에만 있는 이 전세 제도는 오랜 관습이 되어서 하루아침에 없애기는 쉬워 보이지 않습니다.

전세 사기를 당하게 되면 세입자는 그동안 모아 온 돈, 아까운 피 같은 돈 전부를 사기당하는 겁니다. 전세 사기나 역전세, 깡통 전세는 누구나 당할 수 있습니다.

우리나라 법의 미비점이 있기 때문이기도 하고 또 아파트 하락기에 접어들면 어쩔 수 없이 집주인들이 전세금을 돌려줄 수 없는 상황이 오기 때문입니다.

또 대개 전세를 받아서 전세금을 돌려주는 형태로 운영하기 때문에 더더욱 그렇습니다.

2년 후 보증금을 돌려주려고 은행에 돈을 쌓아 놓는 집주인은 없을 테니까요.

그렇기 때문에 저는 사회 초년생에게 절대로 전세를 하지 말라고 이야기합니다.

전세를 하려거든 월세를 하라고요. 사회 초년생이 전세금 몇억 원을 모으려면 얼마나 힘들었겠습니까?

그런 피 같은 돈을 전세 사기를 당한다면 견디기 어려울 겁니다.

무릇 돈 모으는 방법은 계속해서 돈이 줄지 않고 플러스, 플러스가 되어야 합니다.

이렇게 전세 제도가 관습화가 되고 금융적인 면에서 유리하다고 하더라도 만에 하나 사고가 생길 수 있다면 절대로 해서는 안 됩니다.

전세 사기에 내가 당하지 않는다는 법이 없으니까요.

그럼 어떻게 하란 말인가요?

이렇게 하십시오.

모아 둔 전세금으로 은행 정기 예금을 들으시고 거기서 나오는 정기 예금 이자와 월급으로 월세를 사는 것이 훨씬 안전하고 좋습니다.

월세를 살면 전세 사기를 당할 일이 없습니다.

조금 늦게 돈이 모이더라도 안전, 안전하게 가야 돈이 모입니다.

마이너스로 가는 재무 설계는 앞으로의 인생에서 치명적입니다.

한번 어그러지면 복구하기가 너무 힘들기 때문입니다.

그래도 전세가 하고 싶으면 빌라 말고 전세 수요가 많은 아파트에서 매매 가격 대비 30% 정도 보증금을 하시고 나머지는 월세를 내는 반전세를 택하는 방법도 있습니다.

하지만 이때도 등기부 등본을 확인하시고 확정 일자를 신청하시고 부동산 사무소에서 집주인이 세금을 다 냈는지, 사업을 하는 사람인지 등을 면밀히 검토하셔서 계약하셔야 합니다.

주의 또 주의하셔서 부동산 계약을 하시고, 전세로 살지 말고 월세로 살아서 마음 편하게 살고 사기를 당하는 일이 없도록 합시다.

제 5강의

주택 연금, 절대로 하지 마라

부부 둘이서 국민연금과 기타 소득으로 생활비를 채우지 못할 경우 곤란한 생활을 하게 됩니다.

사람마다 다르겠지만 부부가 도시에서 아파트 1채를 가지고 생활하는데 월 220만 원 정도 들어가는 것으로 추정됩니다.

그런데 그 생활비 220만 원이 국민연금과 근로 소득 또 기타 소득을 합해도 모자랄 경우 생활비가 적자가 나서 은행에 돈을 빌리든지 해야 하는 경우가 생깁니다.

우리나라 사람의 경우 자산의 대부분을 부동산에 재워 두고 있기 때문에 더 그런데요. 그럴 때 "아파트 1채만 가지고 있을 경우 어떻게 해야 할까요?"라고 고민하는 경우가 많이 있습니다.

저는 해결 방법으로 **첫 번째, 집을 줄이시라고 권합니다.**

지금 34평에 살고 있다면 더 작은 평수로 이사를 가서 그 차익 자금으로 생활하시라고 권하고요.

두 번째, 지방으로 이사를 가시라고 권합니다.

돈이 없고 서울 근교에 아파트 1채만 있다면 아파트를 팔고 가격이 저렴한 지방으로 가서 생활하시면 여유로운 생활을 할 수 있다고 권합니다.

세 번째, 아파트 담보 대출을 받으시라고 권합니다.

생활비가 조금만 모자라고 이사를 가기 싫다고 하시는 분은 담보 대출을 어느 정도 받으면서 모자라는 생활비를 충당하고 또 모자라면 추가 대출을 받으면서 생활하는 방법이 주택 연금을 받는 것보다는 낫다고 생각합니다.

생활 자금이 연금을 쓰고도 조금밖에 모자라지 않는다면 대출을 받는 방법을 권합니다.

그런데 집은 하나 있는데 여러 사정상 이사를 가기 싫고 또 대출은 이미 있고 월 생활비가 부족하다 하시면 기존의 대출도 상환해 주고 나머지 주택 잔액으로 연금을 해 주는 것도 가능하니까 주택 연금에 가입하시라고, 그리고 여생을 돈 걱정 없이 사는 게 낫다고 말해 드립니다.

집 하나만은 자식에게 물려주려고 궁핍하게 살고, 자식에게 손을 벌릴 바에는 주택 연금이 해결책이라고 생각합니다.

이미 뒷바라지를 다 해 줬는데 살던 집까지 물려줘야겠다고 하는 것은 과잉보호이고, 외국 사람들이 들으면 깜짝 놀랄 일입니다.

그러니까 마음 편히 주택 연금에 가입하시고 월 생활비를 하고 남은 돈을 자식들에게 생활비나 용돈으로 주면 그것이 더 바람직한 일이 아닐까 생각합니다.

주택 연금이란 부부 중에서 1명이 55세 이상이 되면 소유하고 있는 주택을 담보로 일정한 기간이나 죽을 때까지 매월 연금 형식으로 노후 생활 자금을 받는 금융 상품입니다. 이는 거주권을 보장받기 때문에 본인 소유 집에서 살면서 집을 담보로 국가가 보증하는 연금을 수령하는 제도라고 생각하시면 되겠습니다. **주택 연금 제도의 장점을 살펴보자면 먼저 평생 거주, 평생 지급이 됩니다.**

두 번째, 국가가 보증합니다. 나라에서 연금 지급을 보증하므로 연금이 중단되는 일이 없습니다.

세 번째, 잔여 재산이 상속됩니다.

나중에 부부 모두 일찍 사망한 후 주택을 처분해서 남으면 상속인에게 상속이 됩니다.

마지막으로 세제 혜택을 받을 수 있습니다.

저당권 설정 시 등록 면허세, 농어촌 특별세, 국민 주택 채권 매입 의무 면제 혜택이 있으며, 이용 시 대출 이자 비용 소득 공제, 재산세 감면도 있습니다.

하지만 주택 연금도 단점이 있습니다.

첫 번째, 집값이 오를 때 오른 가격을 반영하지 못하는 것이 단점입니다.

가입할 때 주택 가격이 7억 원이었는데 10억 원으로 올랐다면 꽤 억울할 겁니다.

두 번째, 해지하면 손해가 크다는 겁니다.

집값이 올라서 주택 연금을 해지하는 경우가 종종 있는데 해지하면 손해가 크게 발생합니다.

다시 가입하려면 3년의 시간이 지난 다음에 가입하여야 하니 해지하는 데 신중하셔야 합니다.

그리고 단점은 아닙니다만 주택 연금에 가입하면 오래 살아야 합니다.

보험의 개념이 포함된 연금이기 때문에 오래 살면 오래 살수록 더 많은 연금을 수령할 수 있습니다. 죽을 때까지 달마다 나오는 제도이기 때문에 열심히 운동하고 건강해져서 많이 받아야 하겠습니다.

정리하면, 주택 연금에 가입하셔서 살던 그 집에서 죽을 때까지 살고 자녀에게 손을 벌리지 말고 풍요롭게 사시라고 요약할 수 있겠습니다.

그런데 주택 연금 가입은 마지막으로 취할 방법입니다.

위에 열거한 작은 주택으로 이사를 가는 것, 지방으로 가는 것, 대출을 받아 쓰는 것을 일단 생각해 보고 마지막으로 결정해야 할 방법입니다.

젊어서 노후 준비 퇴직 후 노후 실천

제 6강의

퇴직 후 73,000시간

어려서 동네 아저씨가 쉰 살이 넘었다고 하면 그분 참 나이가 많다거나 이제 노인네가 됐다는 말을 듣곤 하였습니다.

아마 옛날에는 50세가 나이가 많은 듯이 보였던 것 같습니다.

그리고 옛날에는 사람 나이 60이 되면 온 동네 사람을 불러 모아 잔치를 벌였습니다.

그것이 환갑잔치였습니다.

환갑잔치가 열리면 너 나 할 것 없이 환갑을 맞으신 동네 노인분 집에 가서 잔치를 즐겼습니다. 저도 맛있는 사탕, 약과, 떡 등을 먹고는 아주 좋아하던 어린 시절이 생각납니다. 그때 어렴풋이 '나도 나중에 환갑은 넘게 살아야지…. 그래서 장수해야지.'라는 생각을 한 적이 있었습니다.

지금 제가 60이 넘은 지 벌써 한참 지났습니다. 그런데 환갑잔치를 한다고 말을 못 했습니다. 그리고 5년 후면 70이 되는데 칠순 잔치도 못 할 것 같습니다.

왜냐하면 칠순 잔치를 하기 위해서는 늙은 티가 나야 하는데, 그래서 나름 꽤 장수했다는 느낌을 주어야 하는데, 지금의 건강 상태로는(환갑 때도 마찬가지였지만) 아직 팔팔한 느낌이 들기 때문입니다.

요즘 주위 70세 되는 분들의 건강 상태는 옛날 제가 어렸을 때의 40~50대 정도밖에 되어 보이지 않고, 매우 건강해 보입니다.

그러니 환갑이니 칠순이니 하는 말은 쏙 들어가고, 80이나 되어서 팔순 잔치를 해야 옛날 환갑이 되신 분의 분위기를 느낄 것 같습니다.

또 15년쯤 지나서 80이 되어 팔순 잔치를 할 때쯤에는 아직도 젊은데 팔순 잔치가 뭔 소리냐고 90이나 되어서 해야 한다는 소리를 들을지도 모릅니다.

하긴 장인어른은 90이 넘은 연세인데도 아직도 등산이니 파크 골프니 바쁘게 다니시고 또 운전까지 하시고 건강한 삶을 살고 계십니다.

그런데 이렇게 오래 사시는 분들을 보며, 나도 저렇게 오래 사는 게 아닌지 걱정이 되기 시작했습니다. 제가 어릴 때보다 영양 상태도 좋아졌고, 병원도 잘 되어 있고, 분명 오래 살 것 같다는 생각이 드니 기쁨보다는 모골이 송연해지는 느낌이 들었습니다.

어이쿠, 이거 가진 돈이 얼마 없는데…. 저 긴 세월을 뭘 하고 보내지…. 지금 백수인데…. 저렇게 오래 살면 돈이 많이 들어갈 텐데…. 앞으로 100살까지 살려면 앞으로도 35년이나 더 살아야 하네…. 걱정이 앞섰습니다.

진짜 제가 걱정하는 것처럼 오래 살 것 같습니다.

어릴 적 환갑잔치에 떡을 얻어먹으러 다녔을 시절, 1970년대의 남자 평균 수명이 58.6세라고 하니까 많은 사람이 60세까지 못 살고 돌아가신 겁니다.

그런데 지금 평균 수명은 남자가 80세이고 여자 86세라고 하니까 중간에 사고로 갑자기 돌아가신 분을 빼고는 많은 분이 90세를 넘는 건 쉬운 일이고 건강만 잘 관리하면 100세까지 살 것 같다는 생각입니다.

그런데 앞서 말한 대로, 걱정이 앞서는 것은 '기나긴 노후 생활을 무엇을 하면서 보낼까?' 하는 염려 때문입니다.

제 나이가 만으로 65세…. 앞으로 90세까지 산다면 앞으로 25년! 100세까지 산다면…. 35년!

그 기나긴 세월을 무엇을 하고 지낼 수 있을까요?

저뿐만 아니고 친구, 아내, 가족, 우리 모두의 걱정입니다.

25년에 하루 8시간을 곱하고 365일을 곱하면 73,000시간.

앞으로 73,000시간을 보낼 생각에 앞이 깜깜합니다.

앞이 깜깜하다고 걱정만 할 일이 아니고 73,000시간을 활용할 방법을 찾아야 합니다.

73,000시간은 한 분야의 박사가 돼도 몇 번이나 가능한 시간입니다.

젊은 사람은 노후 시간을 보낼 유용한 계획을 지금 이 시간부터 실천에 임하셔야 하고 이미 65세가 넘은 분도 늦었을 때가 가장 빠른 때라는 격언을 염두에 두시고 지금부터 계획을 세워야 합니다.

취미 생활을 전문화해서 취미를 돈벌이로 하시든지…. 구직 활동을 통해 직장을 잡든지…. 사회봉사 활동을 통해서 지금까지 쌓아 온 경험을 사회에 환원하든지…

또 책을 쓰든지 강의를 하든지 유튜브를 시작하든지 하셔서 기나긴 남은 노년의 여생을 생산적이고 효율적인 활동을 통해서 보람 있게 보내시기 바랍니다.

제 7강의

노후 생활, 취미를 전문화하여 돈을 벌자

노후 생활은 생각보다 긴 시간입니다.

옛날과 달리 아직 건강한 신체 때문에 퇴직 후에도 긴 시간을 보내야 합니다.

그 긴 시간 동안 자기의 취미를 좀 더 고도화, 전문화해서 수익 창출을 하는 것은 어떨까요?

취미 생활을 하고 있다는 것은 나름 즐거운 시간을 보내고 있다는 겁니다.

예를 들어 노래를 취미로 배우고 있다고 생각하면 노래 교실에서 노래만 따라 하고 끝마치는 것이 아니고 노래 교실에서 배운 노래를 핸드폰으로 찍어서 유튜브에 동영상을 올려 여러 사람이 보게 되면 이 또한 취미를 전문가만큼 수익 창출로 승화시키는 방법일 것입니다.

또 유튜브에 올려서 여러 사람과 같이 즐기고, 즐기다 보면 돈도 생기는 것입니다.

또 유튜브에 올리는 것으로 끝나는 것이 아니고 노래 교실의 강사가 되는 방법도 있습니다.

노래 교실 강사가 되기 위한 전문 수업을 받아서 자격증을 따고 그 자격증을 가지고 노인 요양원에서 노인들을 위한 노래 수업을 하는 방법도 있습니다.

좀 더 실력을 쌓으면 구청이나 행정복지센터 문화 센터, 각종 노래 교실 전문 강사가 되어 노후의 시간도 보낼 수 있고 수입도 얻을 수 있습니다.

저의 지인 한 분은 요리하는 것을 좋아하셔서 자기만의 레시피로 동영상을 유튜브에 올리고 많은 사람이 즐겨 봐서 수입이 생겼다고 자랑합니다.

유튜브에 올려서 구독자 수가 1,000명이 넘으면 수익이 창출되어서 매달 통장에 달러로 돈이 들어옵니다.

구독자가 많아지면 많아질수록, 많은 사람이 그 영상을 본 만큼 돈이 입금됩니다.

나만의 색깔을 낼 수 있는 요리를 생각해 내면 백종원 대표보다는 못하겠지만, 나만의 전문화를 찾으면 그 또한 그 분야에서 독보적인 존재가 되지 않을까요.

예를 들면 나만의 가정식, 사찰 음식, 나물 요리, 전과 같은 음식 등으로 특화시키면 좋을 것 같습니다.

앞으로 노년기의 여유롭게 남은 시간이 길기 때문에 급할 필요 없이 차근차근히 하다 보면 길이 보이고 전문가가 되고 수익이 생길 겁니다. 또 수익이 안 나면 어떻습니까?

그만큼 또 배운 것이고, 낭만적인 추억이라는 생각을 가지면 좋은 것이고, '그만큼 또 시간이 지나갔구나…. 어영부영 시간을 보내지 않았구나….' 이런 생각을 갖게 되는 것입니다.

요즘 은퇴 후에 많이 하는 색소폰 연주도 좋고 뜨개질도 좋고, 집 안 치우는 요령도 좋고 나만의 전문성을 확보해서 핸드폰으로 찍어서 유튜브에 올려서 전문성을 키워 보고 더욱 발전시켜서 수익을 창출하는 방법…. 노년을 슬기롭게 보내는 방법입니다.

취미 생활을 유튜브에 올려 돈을 버는 아이템으로는 여행, 캠핑카 타고 여행하기, 그림 그리기, 화초 가꾸기, 오지 여행, 자전거 여행, 전원주택 탐방, 와인 소개, 막걸리 소개, 시 읽기, 동화 구연, 스포츠 해설, 부동산 소개, 지하철 맛집 여행, 식당 소개하기 등등 얼마든지 우리 주위에 많이 있습니다.

도랑 치고 가재 잡고…. 취미 생활을 하고 돈도 벌고…. 취미 생활을 전문화하여 알차게 시간을 보내고 유튜브에 올려서 돈도 법시다.

노년의 남은 긴 시간을 보람차게 보내는 방법 중 하나가 아닐까요?

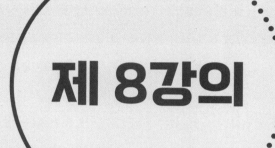

제 8강의

08

노후 생활, 주식 투자는 절대로 하지 말자

요즘 주위에서 주식 투자를 하는 사람들을 많이 보게 됩니다.

우리 아파트의 같은 라인에서도 10층 아저씨와 12층 아저씨가 하루 종일 주식 투자를 하시는 것 같습니다.

왜냐하면 가끔 담배를 피우러 나오는 그분들을 엘리베이터에서 보는 경우가 있는데, 그때마다 그분들 손에는 핸드폰이 들려 있고 그 화면 속에는 주가 그래프가 보이기도 하고 어떤 때는 빨간색 숫자와 파란색 숫자가 보이기도 합니다.

두 사람을 엘리베이터에서 볼 때마다 저는 불안합니다.

두 사람 다 퇴직한 나이로 보이는데 잠깐 담배 피우러 가는 시간에도 주식 가격을 확인하려고 핸드폰을 뚫어져라 보고 있을 지경이니 얼마나 많은 시간을 주식 투자에 매달릴까 싶어 안쓰럽게도 보였습니다.

지금까지 살면서 주위 사람들을 지켜본 결과, 지금 부자이고 편안히 노후를 보내는 사람은 모두 주식 투자를 하지 않은 사람들이 주식 투자를 한 사람보다 훨씬 많습니다.

주식 투자를 해서 돈을 벌었다고 하는 사람도 결국 주가 하락기 때는 한 방에 몰락하는 경우를 많이 보곤 합니다.

주식 투자의 속성상 어느 정도 경험이 쌓이고 자신이 붙으면 투기적 종목에 베팅하는 쪽으로 흘러서 결국은 물리게 되고 작전주에 잘못 들어가서 큰 손해를 보게 되기도 합니다.

무릇 돈을 모으는 방법은 한 푼, 두 푼 모아서 플러스의 방향으로만 가야 하는 것입니다.

그런데 주식 투자는 아무리 베테랑이라 해도 손해가 날 때가 있고 손해가 나면 만회하려고 부실주나 작전주에 베팅하는 경우가 생깁니다.

또 주식 투자를 하다 보면 유독 내 주식만 오르지 않는 것같이 보여서 오름폭, 내림폭이 큰 작전주에 나도 모르게 베팅해서 결국 큰 손실을 보게 되는 겁니다.

노후에 목돈을 가지고 있으면 이렇게 주식 투자를 해서 한번 크게 벌어보겠다는 생각을 하는 사람이 많이 있습니다.

그렇기 때문에 목돈을 가지고 있으면 안 되고 연금으로 전환하셔서 매달 정기적으로 받는 방법을 찾으시기를 권합니다.

그리고 주식 투자도 노름과 비슷한 일종의 도박입니다.

우리 인체에는 흥분하면 분비되는 호르몬이 있는데, 도박을 하면 그 호르몬이랑 거의 유사한 호르몬이 나오게 되는 겁니다.

그래서 주식 투자는 한번 시작하면 손을 떼지 못하고 계속해서 하다가

폐인 수준까지도 가게 되는 겁니다.

주식 투자도 도박 중독 수준의 중독입니다.

나이 들어서 주식 투자를 하지 말아야 하는 이유는 다음과 같습니다.

- 노후의 손실은 복구할 시간이 없습니다.
- 주식 시장에서는 전문가들도 돈을 따기 힘듭니다. 그러니 일반인은 더욱더 어렵습니다.
- 주식을 하다 보면 온종일 주식만 쳐다보게 되어 대인 관계, 부부 관계, 건강 상태 등이 엉망이 됩니다.
- 주식을 하다 보면 나도 모르게 부실주와 작전주에 베팅하게 되고 결국 망합니다.
- 나는 다를 것이라고 생각하는 순간 끝입니다. 다른 사람과 다르지 않고 똑같습니다.
- 하루 종일 주식만 하면 정신적으로 피폐해지고 우울증에 걸리게 됩니다.
- 가끔 주식을 해서 돈을 버는 경우가 있는데 그것은 실력이 아니고 주식 시장이 오를 때일 겁니다. 그때는 초등학생도 법니다. 주식이 내릴 때 벌 수 있는 실력자가 되기는 일반인은 불가능에 가깝습니다.

주식 투자, 나이 들어서는 절대로 하지 맙시다.

제 9강의

정년이 없는 자격증을 따자

고령층(55~79세)이 되어도 계속 일하고 싶다는 사람이 전체의 68.5%에 달했습니다.

2022년 5월 경제 활동 인구 조사, 고령층 부가 조사 결과에서 장래 근로를 원한다는 고령층의 비율이 점차 늘어나고 있습니다.

2015년도에는 61.5%가 은퇴 후에도 계속 일하고 싶다고 했는데, 이 비율이 높아져 2020년에는 67.4%, 최근에는(2022년) 68.5%로 조사되었습니다.

고령층 10명 중 7명이 일하고 싶다는 비율로 꽤 높은 비율입니다.

현대 사회에서는 자격증이 있어야 정년 걱정 없이 일할 수 있습니다.

노후 시대에 취직도 잘 되고 육체적으로 덜 힘든 자격증은 어떤 것이 있을까요?

첫 번째, 지게차 운전기사입니다.

지게차는 다른 중장비에 비해 장비 조작이나 기계 이해도 면에서 쉽고 또 취직자리도 많은 편입니다.

최근에 물류, 택배 관련 회사나 각종 건설업체, 물건을 배송, 상하차를 하는 곳의 일자리가 많아서 많은 사람이 자격증을 취득하고 있습니다.

또 건강만 하면 정년 없이 70대 이상까지도 일할 수 있고 개인 사업도 가능한 면허입니다.

두 번째, 생활지원사입니다.

요즘 은퇴 후에도 건강하게 지내는 노년층이 많습니다.

이들에게 적합한 일자리로 주목받는 것이 바로 생활지원사입니다.

2023년 기준으로 주 5일 근무, 하루 5시간 일하면 월급이 약 125만 원 정도 됩니다.

주로 하는 일은 독거노인을 케어해 주는 것입니다.

생활지원사는 2020년 1월부터 정부에서 운영하는 노인을 위한 맞춤형 돌봄 서비스 수행 인력으로, 취약층 노인분들께 사회 참여, 생활, 교육 일상생활 지원 등 안전한 삶을 살아갈 수 있도록 서비스를 제공해 주는 직업입니다.

기존의 독거노인 생활관리사, 노인돌보미 등과 같은 사회복지사의 명칭을 생활지원사로 통일하게 되었습니다.

생활지원사로서 하는 일은 어렵지 않기 때문에 건강한 신체와 돌봄을 수행할 수 있는 역량이나 의지만 있으면 됩니다.

그렇지만 요양보호사 또는 사회복지사 자격증을 취득하는 것이 취업에 유리합니다.

최근 노노 케어, 즉 노인이 노인을 돌보는 다시 말해 젊은 노인이 더 나이 든 노인을 돌보는 노노 케어 관점에서 오래도록 일할 수 있는 자격증이라고 생각합니다.

세 번째, 바리스타 자격증입니다.

최근 커피숍, 카페 등이 이곳저곳에 많이 있기 때문에 바리스타 자격증을 취득하면 일자리가 많이 있습니다. 육체적으로 건강만 하면 얼마든지 힘을 들이지 않고 할 수 있는 일입니다.

또 스스로 가게를 오픈할 수 있으므로 바리스타 자격증은 노년에 일을 할 수 있는 좋은 자격증이라고 생각합니다.

네 번째, 주택관리사입니다.

노후를 대비해서 취득할 수 있는 좋은 자격증으로 주택관리사를 추천합니다. 정년이 없고 인기 직종 중 하나입니다.

최근 주택관리사를 준비하는 사람이 많이 있습니다.

주택관리사는 우리나라에 아파트 등 공동 주택이 많아지는 추세이기 때문에 수요는 꾸준할 것이라고 생각합니다.

그리고 사무직이기 때문에 육체적으로 힘들지 않고 또 보수도 괜찮아서 퇴직 후 일자리로 추천합니다.

다섯 번째, 조경기능사입니다.

조경기능사는 학교, 공원, 아파트 단지, 조경 업체 등에 취직할 수 있는 자격증입니다.

최근 자연 파괴, 오염 등 각종 공해 문제로 쾌적한 삶에 대한 욕구가 커져서 장기적으로 수요가 증가할 것으로 생각합니다.

조경기능사 시험의 응시 자격에는 제한이 없습니다. 시험은 필기와 실기로 나뉘어 있으며 독학으로도 합격하시는 분들이 많으니 잘 준비하여 합격하시길 바랍니다.

여섯 번째, 시니어 플래너입니다.

은퇴를 했거나 은퇴를 앞둔 노년층을 대상으로 미래 설계와 정서 관리를 종합적으로 해 주는 라이프 플래너를 말합니다.

정부, 지자체, 민간 교육 기관에서 운영하는 시니어 플래너 자격증 과정을 이수하면 전문적으로 활동할 수 있습니다.

발급 기관마다 커리큘럼이 조금씩 다르지만 기본적으로 고령화 사회에 대한 이해나 노후 관리 상담 등에 대한 지식을 공부해야 합니다.

민간 자격증을 발급해 주는 기관으로는 한국능력개발진흥원, 한국치매요양협회 등 10곳이나 있습니다.

시니어 플래너는 지자체 복지관, 요양 보호 시설을 포함한 노인 관계 기관이나 단체에서 강사로 활동하는 경우가 많습니다.

마지막으로 농기계 자격증입니다.

소형 포클레인, 트랙터 등 농촌에서 쓰는 농기계를 다루는 자격증을 취득해서 농촌에서 부업으로 활용하면 좋은 자격증입니다. 자기 농사도 짓고 부업으로 다른 사람 농사일을 작업해 주면 농촌에서 각광받는 일꾼이 가능한 농기계 자격증입니다.

이 밖에도 숲 해설가, 동화 구연 지도사, 요양보호사 등 노후에도 일할 수 있는 자격증이 많이 있습니다.

자기와 맞는 자격증을 선택해서 공부하시기 바랍니다.

자격증을 따면 취직도 잘 되고 정년도 없기 때문에 여러 자격증 중에 체력과 지식의 정도에 따라 나에게 맞는 자격증을 젊어서부터 준비해서 노후를 대비해야 합니다.

제 10강의

자녀 리스크, 젊어서부터 관리하라

#1. 지인 아들은 나이가 47세인데도 불구하고 결혼도 안 하고, 일도 안하고 부모 집에서 숙식을 하며 지내고 있습니다.

#2. 아내의 지인 아들은 미국 유학까지 갔다 왔는데, 집에서 꼼짝도 하지 않고 주식 투자만 합니다. 아버지는 잘나가는 의사입니다. 주식 투자를 하는 돈은 물론 자기 돈이 아닙니다. 결혼도 안 했습니다.

#3. 강남 건물주인 지인의 아들과 딸은 둘 다 40세가 넘었는데 결혼도 하지 않고 부모 집에서 용돈을 받아 쓰면서 무위도식합니다. 둘 다 좋은 직장에 취직하였으나 일이 힘들다고 취업을 한 지 1년도 안 되어서 때려치우고 백수, 한량 생활을 합니다.

위에 열거한 사례는 최근 우리 주위에서 자주 목격할 수 있는 캥거루족 이야기입니다.

나이가 들어도 독립하지 않고 부모 집에서 얹혀살고 있는 사람을 우리는 캥거루족이라고 말합니다.

최근 이렇게 캥거루족이 늘어나면서 자녀 리스크에 대한 문제가 사회 문제로 대두되고 있습니다. 나이가 들어서도 독립하지 않고 있는 캥거루족이 몇 집 건너 하나씩 있습니다.

생각보다 많은 숫자의 청년이 독립하지 않고 부모에게 의지해 살고 있습니다.

노후의 가장 큰 리스크는 바로 자녀 리스크입니다.

아무리 노후를 위해서 준비를 잘 했다고 해도 자녀 중 1명이라도 자립을 하지 않았다면 그동안의 수고는 모두 허사가 되고 마는 것입니다.

노후를 위해 연금과 어느 정도의 목돈도 준비해서 큰일만 없으면 여생을 보내는 데 지장이 없게 해 놨는데…. 이제 편안히 여행이나 다니면서 여생을 보내야겠다고 생각했는데 자녀 중 한 명이라도 캥거루족이 있다면 이 노후 계획은 어그러지고 맙니다.

결혼하지 않고 집에 눌러앉은 자식을 위해서는 상당량의 경제적 지출이 필요하기 때문입니다.

노후 설계를 전체적으로 처음부터 다시 해야 합니다. 안타까운 일입니다. 생각지도 못한 리스크…. 부부가 준비한 재무 계획이 무너지는 순간입니다.

이런 사례 말고 또 있습니다.

아들이 장가를 가서 이혼하고, 사업을 하다 실패해서 아들하고 손자하고 같이 집에 들어와서 살게 되어 엄청난 고민에 빠져 있는 경우입니다.

편안한 노후는 생각할 겨를도 없이 아들 뒷바라지를 하느라고 70이 넘은 나이에 직장을 알아보고 다니고 있습니다.

이런 사례는 또 있습니다.

아들이 사업에 실패해서 식구 모두 자영업에 뛰어들어 80이 다 된 나이에 식당 주방에서 일하며 하루하루를 사는 사람도 있습니다.

안타까운 사연이지만 우리 가까운 이웃 중에도 있습니다.

우리나라는 과도하게 자녀들을 보호하려는 사고방식이 있습니다. 아마도 유교적 사고방식이 아닌가 싶습니다. 왜냐하면 동양, 그러니까 한국, 중국에서 유독 이런 사고방식이 심하니까 말입니다.

그릇된 자녀 보호로 우리는 지금 아이들을 대학까지 졸업시켜 주고 취직 후 결혼할 때도 집 사는 데 돈을 대 주고 결혼 후에도 손자를 돌봐 주고…. 그러다 인생 전체를 자녀를 위해서 헌신하는 전통 아닌 전통이 생기고 만 것입니다.

서양은 다릅니다.

대학 입학 때까지만 부모가 고생하면 대학 이후의 생은 자기 자신들이 개척해 나가는 사회 풍토가 조성되어 있어서 특별한 경우 외에는 캥거루족이 있을 수 없고 결혼을 할 때 우리나라처럼 집을 사라고 도와주지도 않습니다.

우리나라도 서양처럼 자녀의 홀로서기를 강조할 필요가 있습니다.

노후에 자녀 때문에 고생하지 않으려면 아이가 어릴 때부터 독립 정신, 자립정신을 키워 줘야 합니다.

서양의 부모들처럼 "나중에 대학 이후는 네가 스스로 살아가는 것이다.

젊어서 노후 준비 퇴직 후 노후 실천

나는 대학 이후의 삶은 관여하지 않는다."라는 식으로 어릴 때부터 자녀들 정신에 못이 박히도록 이야기해야 합니다.

그러면 아이들이 성장하면서 독립심과 자립심을 갖게 되고 스스로 미래를 개척하는 힘도 갖게 됩니다.

아울러 부모가 돈이 있다는 것을 자녀에게 자랑하듯이 과시하는 것은 자녀 교육에 좋지 않습니다. 돈이 있더라도 자녀가 모르게 하는 것이 좋습니다.

가능한 한 많은 재산을 모르게 해서 자녀에게 늦게 상속하는 것이 좋습니다.

자녀가 경제와 돈을 이해하고 검소하게 생활하는 것이 몸에 밸 정도의 시간이 지난 이후에 상속하는 것이 재산을 지키는 길일 것입니다.

대부분 그렇지 않겠지만 건물주가 되면 자녀들이 노력을 하지 않는 경향이 있습니다.

제가 직장 생활을 할 때 건물주 딸이 우리 회사에 취업했는데 조금 힘이 드니까 견디지 못하고 퇴사하는 경우를 목격한 적이 있습니다.

그것은 믿는 구석이 있으니까, 어려운 것을 참지 못하고 그만둔 것이 아닐까요?

하지만 건물 같은 것이 없는 자식들은 위기가 닥쳐도 잘 참고 넘겨서 오랜 직장 생활을 하게 되는 것을 목격하곤 합니다.

물론 부모의 재산이 많고 적음에 따라서 전부 그렇게 되는 것은 아닙니다. 부모의 재산보다는 어려서부터 한 교육의 문제가 아닐까 생각합니다.

어려서부터 자녀가 독립심, 자립심을 키울 수 있도록 교육과 잔소리를 하여야 합니다.

자녀 앞에서 약해지지 말고 자녀를 독하게 키우시기 바랍니다.

그것이야말로 자녀 리스크 없이 노후를 사는 방법입니다.

그것이야말로 안락하게 노후를 보내는 방법입니다.

제 11강의

퇴직 창업, 자영업에 실패하지 않는 법

퇴직 후, 자영업에 뛰어들어 실패하고 후회하는 사람을 주변에서 자주 보게 됩니다.

많은 사람이 월급을 받는 직장인에서 사장으로 변신하고 있습니다.

퇴직 후에 목돈을 가지고 가게를 얻어서 장사를 시작하지만 성공률이 높지 않습니다.

그럼 자영업에 도전한 사람들 중 성공한 사람들은 얼마나 될까요?

2021년 통계청 자료를 보면 자영업자 1년 생존율이 84%, 3년 생존율이 40% 내외, 10년 생존율이 16%입니다.

큰 기대를 가지고 자영업을 시작했지만 80% 이상이 망한다는 이야기입니다.

그런데도 퇴직 후 많은 사람이 자영업에 뛰어드는 이유는 무엇일까요?

그것은 첫 번째, 마음이 급합니다.

퇴직은 했고 할 일은 마땅치 않고 그러다 보니 조급하게 정하고 실행하게 되는 것입니다.

두 번째, 성공한 사례만 생각합니다.

성공한 주위 사람들, TV나 프랜차이즈 등에서 선전하는 성공 사례만을 보고 나도 저 정도는 할 수 있다고 착각하고 뛰어드는 것입니다.

세 번째, 먹고살기 위해서 그렇습니다.

중소기업청 조사 결과에 따르면 전체 자영업자 중 82.6%가 '생계유지를 위해서'란 이유로 창업을 했다고 합니다.

네 번째, 나도 사장을 해야겠다는 마음 때문입니다.

남의 밑에 들어가 일하는 것은 싫고 '나도 사장 소리를 들으며 살아야지.' 하는 마음이 있는 것 같습니다. 소위 허세의 마음입니다.

그럼 이런 마음으로 자영업을 시작했는데 80% 이상 망하는 것은 어떤 이유일까요?

첫 번째, 준비 부족에 있습니다.

과거 신용보증기금에서 자영업의 성공과 실패 요인을 분석한 자료에 따르면 치밀한 사업 계획, 우수한 기술력, 좋은 아이템, 고객 및 품질 관리 등의 순서로 성공 요인이 밝혀졌습니다. 무엇보다 중요한 것은 치밀한 사업 계획, 즉 준비성입니다.

두 번째, 경험 부족입니다.

선진국의 경우, 예비 창업자들이 몇 년에 걸쳐 준비하는 데 비해서 우리나라는 고작 몇 개월도 안 걸려 경험 없이, 그동안의 사회생활 경험만을 믿고 자영업을 하는 경우가 많습니다. 그러면 100% 실패합니다.

세 번째, 인건비, 임대료, 재료비 등의 비용 증가입니다.

최근 세계적인 인플레이션이 되면서 과도하게 인건비, 식자재비 등 모든 것이 올라서 판매가 많이 돼도 수익이 나지 않고 있습니다.

또 임대료는 장사가 잘되든 안되든 건물주의 인상 요구가 있어서 결국 장사를 포기해야 하는 경우가 많이 생기게 됩니다.

네 번째, 사람 관리의 실패입니다.

자영업에서 사람이 자주 바뀌게 되면 실패의 원인이 됩니다.

따라서 직원이 장기 근무를 할 수 있는 여건을 마련해 주어야 합니다. 그러려면 돈이 많이 들게 되는데 현실은 그렇지 못하기 때문에 실패합니다.

그러면 나이 들어 자영업을 하지 말라는 것일까요? 그렇습니다. 자영업은 하지 않는 것이 좋습니다. 정말 주위 사람이 자영업을 한다고 하면 도시락 싸 들고 가서 하지 말라고 말리고 싶은 심정입니다.

그래도 몇 %는 성공하지 않나요?

이렇게 했을 때 성공 확률이 높습니다.

첫 번째, 나만의 특별한 경쟁력이 있어야 합니다.

자영업 창업 후 실패하는 대표적 유형이 처음에는 잘됐는데 점점 안되는 경우입니다.

잘되면 주위에 경쟁 업체가 나타나서 매출이 줄어들고 결국 망하게 됩니다.

이는 나만의 특별한 경쟁력이 없기 때문입니다.

누구도 따라올 수 없는 레시피가 있다든지, 탁월한 친화력과 대인 관계로 사람들을 지속적으로 불러 모을 수 있는 능력이 있다든지 혹은 재료를 싸게 살 수 있는 방법이나 루트를 알고 있다든지 하면 성공 가능성이 큽니다.

두 번째, 인건비를 나와 나의 가족이 줄일 수 있습니다.

인건비가 비싸졌습니다. 사람 구하기가 어렵습니다. 지원을 한 지 얼마 안 돼서 퇴사를 합니다. 직원이 말썽을 부리지만 어쩔 수 없이 쓰게 됩니다. 자영업자가 겪게 되는 최고의 고충 중 하나입니다.

위와 같은 사람에 대한 고생은 나와 나의 가족이 나서서 해결해야 합니다. 그렇지 않다면 실패합니다.

세 번째, 중요한 일은 내가 할 수 있어야 합니다.

식당의 경우는 주방장이 속을 썩이는 일이 많습니다. 그렇게 되면 직원에게 끌려갈 수밖에 없어 자영업을 오래 할 수 없습니다. 반드시 주인인 나와 나의 가족이 주방장을 맡아야 합니다.

자영업의 핵심 자리를 나와 나의 가족이 맡을 수 없다면 자영업을 하면 안 됩니다. 자영업의 성공은 앞서 소개해 드렸듯이 정말 어렵습니다. 생각보다 많은 일로 실패합니다.

인건비 상승, 재료비 상승, 임대료 상승, 인사 관리 실패, 경쟁 업체의 출현…. 어느 것 하나 쉬운 일이 없습니다. 노후에 정말 해서는 안 될 것이 자영업입니다.

가능하면 남의 밑에서 일하는 것을 권합니다.

자영업을 하려고 했던 돈은 안전한 곳에 투자하시든지 연금을 받게 조치하시고 월급쟁이를 하시는 것을 권합니다. 노후에, 퇴직 후에 자영업을 하다 망하면 치명적입니다.

그래도 하시겠다면 딱 하나! 이것만은 해야 합니다. 내가 직접 한다. 사람을 안 쓰고 나와 나의 가족의 노동력으로 일한다.

이것이 가능하다면 철저하고 치밀한 계획에 의해 자영업을 하셔도 됩니다. 그러면 망하는 것은 피할 수 있습니다. 하지만 몸이 망가지는 것은 감수하셔야 합니다.

젊어서 노후 준비 퇴직 후 노후 실천

제 12강의

노후에 건강 연금 타는 방법

#1. 제 친구는 젊어서부터 당뇨에 걸려 눈 수술 몇 번 받더니 이제는 시각 장애인이 되었습니다.

#2. 고등학교 동창 녀석은 아침에 일어나면 아프지 않은 곳이 없다고 푸념을 털어놓습니다. 어깨부터 허리, 무릎 등 안 아픈 곳이 없고 거기다가 혈압도 높고 당뇨까지 있어서 매일 병원 신세라고 합니다. 자기 말로 종합병원이라고 말할 정도입니다.

#3. 어릴 적부터 친한 친구 녀석은 당뇨에 고혈압까지 있어서 매일 내과와 한의원을 번갈아 다녔습니다. 최근에는 이빨이 성치 않아서 임플란트를 한꺼번에 10개나 해서 비용이 수천 단위로 깨졌습니다.

제 나이는 이제 66세, 58년 개띠입니다.

그런데 벌써 친구, 동창생들이 하나씩 병원 신세를 지면서 살고 있습니다.

당뇨를 오래 앓아서 앞이 안 보이는 친구 녀석은 눈 수술을 몇 번 해서 수백, 수천만 원이 병원비로 날아갔고, 다른 친구 녀석은 허리 디스크 재수술을 해야 한다고 하니 친구로서 걱정이 이만저만이 아닙니다.

다행히 저는 아픈 곳도 없고 혈압, 당뇨, 콜레스테롤, 지방간 모두 정상이라 병원에 신세 질 일이 없습니다.

그러면 병원 신세를 지고 있는 친구들과 저의 차이점은 무엇일까요?

그 친구들을 보면 체중 과다에 운동 부족, 음주, 흡연 등의 생활 습관을 가지고 있으면서 자기 관리를 하지 않습니다. 저는 그 친구들을 어려서부터 쭉 봐 왔기에 기회가 있을 때마다 경고했습니다.

"너 체중 안 줄이고 운동 안 하면 나중에 당뇨병에 고혈압 온다." 그렇게 듣기 싫은 소리를 했는데 그때는 안 듣더니 이제야 정신들을 차리고 건강 관리에 들어갔습니다. 하지만 이미 늦은 상태라 안타까움이 더합니다.

저는 돌아가신 모친이 오랫동안 당뇨병을 앓아서 당뇨가 무서운 병이라는 것을 알고 있어 젊어서부터 체중 관리와 꾸준한 운동, 음식 조절을 통해서 몇십 년간 정상 체중인 70kg을 유지하고 있습니다.

최근 건강 검진에서 당뇨도 혈압도 콜레스테롤도 지방간도 모두 정상으로 나왔습니다.

그리고 운동도 젊어서부터 테니스, 배드민턴, 골프 등을 꾸준히 해 왔고 이제는 집에서 하는 운동을 나름대로 개발해서 하고 있습니다.

그 운동은 스쿼트와 팔 굽혀 펴기, 플랭크 자세입니다.

이 운동들은 집에서도 간단히 할 수 있고 운동 효과도 좋고 무엇보다 돈을 들이지 않고 할 수 있는 운동이라서 좋습니다.

또 엘리베이터나 에스컬레이터를 타지 않고 계단으로 걸어서 올라가는 습관을 들이면 하체 근육이 생성되어 성인병 예방에 도움이 됩니다.

이렇게 하니까 저는 상당수의 친구가 걸려 있는 당뇨병, 고혈압, 대사증후군에서 자유롭습니다. 이 얼마나 좋은 일입니까?

아픈 친구들은 벌써부터 병원비에 수술비에 임플란트 비용에 엄청나게 돈이 깨집니다.

그 비용도 몇백만 원에서 몇천만 원입니다.

더 나이 들어서 제대로 된 수입이 없다면 노후에 상당한 경제적 압박을 받을 수 있는 돈입니다.

최근 임플란트를 하는 비용도 올라서 200만 원 가까이 받는 곳도 있습니다.

정부에서 65세 이상은 2개까지 70%를 보조한다고 하지만 그것은 조족지혈입니다.

그 비싼 임플란트 비용을 아끼려면 젊어서부터 관리해야 합니다.

치아의 겉껍데기가 상하고 충치가 생긴 것은 때우거나 치과 재료로 씌우면 비용이 얼마 들지 않고 치료가 가능한데, 잇몸이 부실해서 이가 제대로 서 있지 못하고 빠져 버리면 결국 임플란트를 해야 합니다.

이렇게 잇몸이 부실해서 임플란트를 하는 이유는 바로 당뇨병이나 혈압 때문인 경우가 많습니다.

잇몸에는 모세 혈관이 많아서 모세 혈관이 건강하면 잇몸이 건강합니다. 하지만 당뇨가 있다든지 혈압이 높으면 잇몸이 부실해져 대량으로 이를 빼야 하고 임플란트를 해야 합니다. 그 비용이 정말 만만치 않습니다.

또 나이가 들면 만성병인 당뇨병, 고혈압 약값이 만만치 않게 나옵니다.

이 비용은 관리를 잘 했다면 나가지 않아도 될 비용입니다. 당뇨병이나 고혈압에 걸리면 여기저기서 심각한 병이 오게 됩니다. 눈, 신장, 발, 심장, 뇌혈관 등….

신체에 영향을 받지 않는 곳이 어디 있겠습니까?

병이 심각해지면 또 입원하고 수술해야 하고 그 비용과 자식들이 부담하는 경제적, 육체적, 정신적 수고는 어찌 감당할 수 있겠습니까?

그렇게 되지 않기 위해서는 운동과 체중 조절, 음식 조절을 해야 합니다.

운동은 저와 같이 집에서도 할 수 있습니다. 운동 비용을 줄일 수 있는 스쿼트, 팔 굽혀 펴기, 엎드려서 오래 버티는 플랭크 자세 등으로 상체와 하체를 단련하고 계단이 있으면 걸어 올라갑시다.

또 체중 조절을 해야 합니다.

아침마다 일어나서 제일 먼저 체중계에 올라서서 어제보다 살이 쪘는지 분석해서 각자의 키에 맞는 정상 체중을 유지해야 합니다.

그리고 음식 조절은 탄수화물을 줄이는 것입니다.

빵, 떡, 면 음식을 자제하고 단백질과 채소를 중심으로 식단을 해서 근육을 강화시키고 혈당을 낮추도록 매끼 신경을 써야 합니다.

이렇게 젊어서부터 실천하면 병원비는 거의 들어가지 않습니다. 돈이 많이 들어가는 임플란트도 안 해도 됩니다.

남들 돈 나갈 때, 병원비 나갈 때, 병원비가 안 나가는 것도 일종의 연금 타는 기분 아닌가요?

국민연금, 퇴직 연금, 주택 연금만 연금이 아니라 다른 사람이 지출할 때

나가지 않는 지출, 이것도 연금입니다.

저는 이것을 건강 연금이라고 부르고 싶습니다.

건강 연금을 나중에 많이 타려면 어떻게 해야 할까요?

앞에서 여러 번 말씀드린 대로 운동과 체중 관리, 식단 관리를 젊어서부터 실천하는 것입니다. 나이 들어서, 병이 들고 나서는 늦습니다.

건강 연금이 풍족하게 나오는 저축을 지금부터 실천합시다.

지금 당장 스쿼트와 팔 굽혀 펴기, 플랭크 자세를 실천합시다.

제 13강의

신입 직원 때부터 노후 설계를 하라

저는 지금도 후회하는 것이 하나 있습니다. 젊어서 연금을 들어 놓을 것을….

국민연금이야 1988년부터 회사에서 들었기 때문에 국민연금 이야기가 아닙니다.

40세 초반 직장에 다닐 때 선배 부장이 자기는 한 달에 50만 원씩 보험 회사에 개인연금을 붓는다는 이야기를 하면서 나에게도 권유를 했습니다. 그렇게 하면 퇴직 후에 연금을 받을 수 있다는 말과 함께…. 그런데 그때는 그 말을 듣지 않았습니다.

아직 퇴직할 날도 멀었고 퇴직하면 퇴직금도 넉넉히 탈 것이고 국민연금도 꽤 탈 테니 대수롭지 않게 생각했습니다.

그 당시 국민연금 소득 대체율이 얼마인지는 기억이 나지 않지만 1988년 가입 당시는 소득 대체율이 70%라고 홍보했기 때문에 노후는 걱정 안 해도 된다고 생각하였습니다.

그 당시 소득 대체율이 70%라면 400만 원 이상 타는 것으로 알았습니다.

하지만 연금을 개혁한다고 줄이고 줄이더니 국민연금만 소득 대체율이라고 할 것도 없이 형편없어져서 제가 겨우 138만 원을 받으니…. 그때 선배와 같이 개인연금을 부을 것을…. 아쉬움이 많이 남는 후회의 한 장면입니다.

그때 그 선배는 지금 부부가 골프를 치면서 산다고 자랑하고 있습니다.

지금 후회하면 무슨 소용입니까?

그래서 저는 30대이고 직장에 다니는 딸에게 과거 이 잘못을 똑같이 범하지 말라고 강조해 말한 적이 있습니다.

똑같이 실천했는지 확인하지는 않았지만 아직도 실천하지 않았다면 이 책을 보고 실천하리라 믿습니다.

정말이지, 노후 설계 분야를 공부하고 강의하는 이유는 나이 든 분들보다 우리 딸 같은 30대에게 아니 그보다 더 어린, 지금 갓 입사한 신입 직원들에게 너희는 나처럼 되지 말라는 충고를 해 주고 싶은 마음이 큽니다.

제 딸에게, 아니 더 이른 신입 직원에게 지금부터 노후를 설계하라고 그렇게 강조하고 싶은 것입니다.

그러면 신입 직원이나 30대인 제 딸 같은 직장인은 노후를 위한 재테크를 어떻게 해야 할까요?

첫 번째, 우선 평생 살 집을 사야 합니다.

우리나라 PIR(주택 구입 지수)이 서울 기준으로 18정도 됩니다. 조사 기관마다 다르겠지만….

이 이야기는 18년 동안 다른 것 안 쓰고 월급을 꼬박 모아서 집 한 채를 산다는 뜻입니다. 우리나라는 다른 나라보다 집값이 비싼 편입니다.

가지고 있는 돈과 대출을 통해서 집을 하나 사서 18년 동안 집 가격을 충당합니다. 물론 맞벌이도 있을 수 있습니다. 그러면 집 구입이 좀 빨라질 수 있습니다.

지역에 따라서 달라질 수 있습니다만, 급여 수준을 고려해서 18년 정도 연봉을 모아 살 주택을 정해서 구입합니다.

연봉이 1억이면 18억 원 수준의 집을 사는 것이고, 연봉이 5000만 원이면 9억 원 수준의 집을 사는 것입니다. 그러니까 직장 전반부 18년은 집을 위해 투자하라는 이야기입니다.

두 번째, 나머지 후반부 12년은 노후를 위해서 준비해야 합니다.

직장 생활 기간은 사람마다 다르겠습니다만, 보통 30년 정도 본다면 전반부 18년은 주택 구입으로 모은 돈을 전부 투자하고, 집이 온전히 대출 없이 내 것이 됐다면 이제부터는 생활비를 제외한 전액을 노후를 위해서 준비해야 나중에 고생을 하지 않습니다.

노후에 연금으로 받을 수 있는 개인연금에 50%를 저축하시고 나머지 50%는 적금이나 펀드에 가입해서 장래 목돈을 마련하십시오.

적금이나 펀드에 12년 정도 돈이 모이면 나중에 그 돈을 가지고 자녀 결혼시키는 데 조금 쓰고 시골에 농사지을 땅을 사서 소일거리로 농사를 짓거나 아니면 적당히 취미 생활을 할 수 있는 것을 찾아서 돈을 활용하면 됩니다.

집이 있고, 또 연금이 국민연금, 퇴직 연금, 개인연금이 있기에 노후 생활을 하는 데 경제적 어려움은 별로 없을 것입니다.

따라서 노후에 직장이 없더라도 소일거리를 할 수 있는 농토나 취미 활동 장소가 있다면 노후를 지루하지 않게 보낼 수 있을 것입니다.

세 번째, 자녀 과외비에 너무 돈을 들이지 말아야 합니다.

지금 과거를 돌이켜 보면 가장 아까운 돈이 자식들의 과도한 과외비, 학원비입니다.

학교만 잘 보내고 영어 학원 하나, 예능 학원 하나 정도 보내면 그것으로 충분히 대학에 가고 취직도 했을 것인데 부모의 욕심을 채우느라고 공부하기 싫다는 자식을 억지로 과외를 시키고 학원에 보내서 돈을 버리고 시간 낭비를 한 것을 생각하면 제일 아까운 것 같습니다.

공부를 할 자식은 학원에 덜 보내고 과외를 안 시켜도 스스로 공부합니다.

그리고 공부하려고 하는 자식은 자기가 이 과목이 부족하니 학원에 보내 달라고 합니다. 그때 학원에 보내 주면 됩니다. 나머지는 학교와 자식을 믿으십시오.

어려서부터 스스로 공부하게끔 부모가 솔선해서 공부하는 모습을 보이는 것이 더 중요하다고 생각합니다. 생각해 보면 아까운 돈입니다. 자녀를 낳은 젊은이들도 자녀 교육에 올인하지 말고 공부하려고 애쓰는 아이만 적절하게 학원에 보내는 것이 자식도 위하고 내 돈도 지키는 방법입니다.

네 번째, 골프 등과 같은 소비 요소를 줄입시다.

지금 생각하니 아까운 지출이 또 있습니다.

골프 비용입니다. 술을 먹은 지출도 아깝지만 골프를 친다고 지출한 비용이 더 아깝습니다.

젊어서부터 테니스, 배드민턴, 골프 등 당시 유행을 따라 운동을 했습니다.

돌이켜 보니 골프는 별로 운동도 안 되고 돈만 많이 들고 별로 좋은 운동은 아닌 것 같습니다. 골프는 퇴직 후에 하는 것이 좋습니다.

골프 칠 시간에 애들과 같이 있어 주고 가정에 충실한 것이 좋습니다.

젊어서는 농구, 축구, 수영, 배드민턴, 유도, 태권도 등등을 하시고 골프 칠 비용은 저축하시기 바랍니다.

지금까지 젊어서부터 노후를 위한 재무 관리를 어떻게 해야 하는 것인가에 대해서 설명을 드렸는데요. 젊을 때부터 저축을 하고 연금을 붓고, 낭비 없는 지출을 통해서 노후를 알차게 준비하시기 바랍니다.

마무리하는 것이 좋은 것 같습니다.

왜냐하면 과거에는 집값이 많이 올라서 집에 올인하는 사람이 그렇지 않은 사람보다 경제적으로 성공을 많이 했지만 앞으로는 집값이 예전처럼 크게 오를 것 같지 않아 보입니다.

그러니까 적당한 집 하나로 주택 구입은 끝내고 직장 후반부의 수입은 노후에 농사지을 농장 터를 구입하여 가꾸는 데 전념하는 것이 좋을 듯합니다.

저의 지인 한 사람은 퇴직 후의 인생 2막을 농사를 지으면서 살겠다고 젊어서부터 어디가 좋을지 많은 여행을 통해서 고민했습니다. 그리고 경기도 양평에서 살기로 하고 경매로 나온 땅을 40대에 매입해서 주말마다 그곳에서 집을 짓고, 과수나무를 심고 해서 퇴직 후에는 고민 없이 양평 농장에서 사과 농사를 지으며 살고 있습니다.

서울 집은 서울 집대로 있고 양평의 농장에서는 사과 농사 수입으로 꽤 짭짤한 수입을 얻고 있어서 요즘 만족해하고 있습니다.

이곳 농장 수입과 국민연금, 개인연금까지 타 가면서 남의 부러움을 사고 있습니다.

물론 사람마다 처한 상황이나 성향에 따라서 다르지만 나이 들어서 농사를 짓고 농장을 하는 것이 로망인 사람이 우리 나이 또래에는 많이 있습니다.

따라서 이 책을 보시는 독자께서 이런 취미가 있으시다면 퇴직 후에 땅을 알아보고, 사러 다니는 것보다는 집 한 채가 마련되었다면 이런 쪽으로 눈을 돌리는 것도 좋을 것 같아서 권유를 드립니다.

왜냐하면 나이 들어서는 어느 정도의 육체 운동으로 시간을 보내는 것이 건강에도 좋고 정신 건강에도 좋기 때문입니다.

꽃밭이나 정원을 가꾸는 것도 좋습니다.

친구 중 한 녀석은 아내가 꽃을 가꾸고 정원 가꾸기를 좋아해서 젊은 시기에 서울 근교에 있는 임야를 구입해서 직장 생활 중 주말마다 부부가 20여 년 정도 정원을 가꾸더니 그곳이 유명 장소가 되었습니다. 그리고 사람들이 꽃을 보러, 정원을 보러 많이 오니까 그곳에 카페를 열고 정원을 가꾸고 살아가며 인생 후반부에 많은 행복을 만끽하는 것을 보고 부러웠습니다.

이렇듯 인생 2막은 젊어서부터 미리 준비해야 퇴직 후에 바로 이어서 일거리도 생기고 수입도 생기고 하는 것입니다.

나이 들어서 일거리가 있다는 것은 행복한 것입니다.

나이 들어서 나갈 곳이 없어서 집에 빈둥대는 것도 잠시지, 오래 있으면 병이 납니다.

나이 들어서 돈보다 중요한 것은 일자리입니다.

수입이 중요한 것이 아닙니다. 퇴직 후에 어떤 일을 어디서 해야 할 것인지 생각하고 실천해야 합니다.

지금 이 책을 보는 분이 20대이건 30대이건 또 퇴직한 분이건 그 결정은 빠를수록 좋습니다.

제 15강의

혼자 잘 지내는 방법

천상천하유아독존(天上天下唯我獨尊)이라는 말이 있습니다.

하늘 아래와 하늘 위의 온 세상에서 내가 가장 존귀하다는 뜻일 것입니다.

위대한 인간 선언인 이 말의 뜻이 종종 독선적인 사람을 비유하여 사용되는 경우도 있으나 모든 인간이 각자 가장 존귀한 존재가 될 수 있음을 드러내 보이는 말입니다.

무슨 말을 하려고 천상천하유아독존을 꺼낸 것이냐 하면….

어디서나 사람은 존귀한 존재로 인식되어야 하는데 현실은 그렇지 않은 것 같습니다.

나이가 들면 점점 행동반경이 좁아집니다.

저뿐만이 아니라 주위에 있는 나이 든 사람들의 행동 양태를 보면 더욱 그렇습니다.

왜 나이 들수록 점점 혼자만의 세상으로 빠져드는지 생각해 보니 현대 사회의 특성 때문에 그런 것 같습니다.

물질만능주의…. 우리 사회에 너무나도 많이 퍼져 있는 이 물질만능주의 때문에 노인이 될수록 행동반경이 좁아질 수밖에 없습니다.

어디를 가도 돈이 좌우되는 세상, 그 사람의 됨됨이가 인격이나 인품이나 성품이 아니라 돈이 많고 적음에 따라서 매겨지는 세상에 살고 있어서 더욱더 그렇습니다.

돈이 없으면 사람대우를 해 주지 않는 사회, 돈이 없으면 친구도 만날 수 없는 사회….

특히 우리나라에서는 친구나 사람을 만나려 해도 만나자고 하는 사람이 밥값, 커피값을 지불해야 하기 때문에 더욱더 행동반경이 위축될 수밖에 없습니다.

현대 사회를 살아가는 노인은 경제력이 없으면 혼자 지내려는 경향이 너무 강해지는 것 같습니다. 왜냐하면 돈에 의해 평가되는 세상이 싫기 때문입니다.

이 세태를 누구 탓을 하겠습니까?

세태가 이렇다고 가만히 있을 수만은 없고…. 사람과 어울리자니 돈에 의해 사람이 평가되는 기분 나쁜 세상…. 이런 세상에 대처하는 방법은 혼자 잘 지내는 것입니다.

혼자 잘 지내는 방법은 기나긴 노후에 정말 필요합니다. 혼자 잘 지내는 방법에는 다음과 같은 것들이 있습니다.

첫 번째, 혼자 하는 취미를 가집시다.

그림 그리기, 붓글씨 쓰기, 뜨개질, 책 읽기, 악기 다루기 등등…. 혼자 해도 재미있는 그런 취미를 갖는 것입니다.

그런 취미는 정적이라고요?

혼자 할 수 있는 동적인 취미로는 등산, 달리기, 산책 등 얼마든지 있습니다. 건강에도 좋고 돈도 안 들고 남 신경 쓰지 않고 하는 취미이자 운동입니다.

두 번째, 혼자 있는 시간을 배워야 합니다.

혼자 있으면서 즐거움과 기쁨을 찾으세요.

처음부터 혼자만의 시간이 즐겁고 기쁠 것이라고 생각하면 급한 것이고요.

혼자 있을 때 이를 외로움이라고 생각하지 말고 혼자 있으니까 즐겁고 좋다고 세뇌를 하면 나 스스로가 즐거워지고 행복해집니다. 내가 즐겁고 행복하면 주변 사람들이 모이기 시작할 겁니다. 혼자 있는 시간에 기꺼이 행복해 보시기 바랍니다.

세 번째, 혼자 말을 해 봅시다.

대화는 인간만이 가진 외로움을 극복하는 방법 중 하나입니다.

하지만 대화 상대는 없고 그렇다고 혼자 말을 하자니 정신병자 오해를 받을 것이고….

그러나 혼자 시간이 많은 노인은 누구와도 대화할 수 없기 때문에 말에 굶주리게 됩니다.

그렇게 되면 정신 건강에도 좋지 않습니다. 치매 예방에도 좋지 않을 것입니다.

이럴 때 해결 방법은 연극 대사를 읽는 것입니다. 왕이 되어 보든지, 간신이 되어 보든지, 회장이 되어 보든지….

영화 시나리오나 희곡 작품집 또는 드라마 대사를 구해서 연기자가 되어서 똑같이 따라 하든, 인물을 재해석하든 소리 내어 대사를 읽으면서 연기를 해 보는 겁니다. 그렇게 하면 스트레스도 풀리고 부족했던 말도 하게 되고 운동만큼 칼로리 소모가 이루어져서 건강에도 좋습니다. 또 동화 구연이나 시 낭송도 효과가 있습니다.

네 번째, 혼자 요리를 요리 강사처럼 해 보는 겁니다.

어차피 혼자 있는 시간이 많으면 요리도 혼자 하고, 밥도 혼자 먹는 경우가 많습니다.

요리를 할 때 백종원 셰프처럼 요리를 알려 주는 식으로 하고, 요리를 끝내고 먹을 때는 맛 품평을 하면서 식사를 하면 외로움을 이기는 좋은 방법이 될 것입니다.

어떤 이유에서든 나이 들어서는 혼자 있는 시간이 많아집니다. 혼자 있는 시간을 슬기롭게 보내는 지혜가 필요합니다.

혼자서도 잘 지내는 훈련이 되어야 노후가 지루하지 않고 행복해집니다. 혼자 잘 살기 위해서 단련의 시간이 필요합니다.

제 16강의

자존심을 버리고 을이 되자

#1. 저의 전 직장 임원 출신 퇴직자들과 부장 퇴직자들은 퇴직 후에 직장이 없이 계속해서 놀고 있습니다. 30년 넘게 아니 병들어 돌아가실 때까지 실업자입니다.

#2. 전 직장의 기술직 직원이나 낮은 직급으로 퇴직한 분들은 퇴직하자마자 바로 직장을 잡고 70이 넘어도 일하고 심지어 80이 넘어서도 일하고 계십니다.

#3. 전 직장 퇴직자 동우회 모임을 1년에 3~4차례 갖는데 모임 참가자는 대부분 낮은 직급으로 퇴직하고 현재도 일하는 사람들이고 고위직이나 부장 출신들은 잘 안 나옵니다.

#4. 퇴직자 모임에서는 오히려 옛날과 역전되어 낮은 직급으로 퇴직한 사람이 돈도 잘 쓰고 활기가 넘치고 술자리 분위기를 주도합니다. 실로 역전 상황인 것입니다.

전 직장 고위직 퇴직자들은 우리 사회의 유교적 전통이 뿌리박혀서인지 아니면 자존심 때문인지 소위 말하는 없어 보이는 직장을 가진 사람이 거의 없습니다. 퇴직 후에 그냥 집에서 놀고만 있습니다.

그런데 낮은 직급으로 퇴직한 사람들이나 기술직 직원들의 경우, 대부분 아파트 경비원이나 개인택시, 아니면 조그만 개인 사업이라도 하면서 인생 2막을 활기차게 살고 있습니다.

퇴직 후에 놀고 있고, 직업을 가지려고 하지도 않는 것은 아마도 자존심 때문이 아닐까요?

자기 잘났다고 재는 마음…. 그 마음이 자존심 아닐까요?

퇴직 후에는 시간도 길고 몸도 아직 팔팔합니다. 퇴직 나이 50대, 건설 현장에서도 일할 수 있는 나이이고 체력입니다.

하지만 이런 생각을 합니다.

'내가 저런 일을 왜 해? 난 안 해, 굶어 죽으면 죽었지. 내가 저런 것을 하라고? 그리고 내가 왜 저런 사람 밑에서 굽실거려야 하나? 임원까지 했는데….'

아무 일도 하지 않고 집에서만 빈둥대며 몇십 년째 죽는 날만을 기다리며 지내는 선배들이 거의 다입니다. 저의 전 직장 퇴직자만 그러할까요?

우리나라에서 꽤 번듯한 직장이라고 다닌 사람들, 임원 등 고위직 출신들은 거의 저러고 있지 않을까 생각해 봅니다.

왜냐하면 우리 아파트에서도 또 공립 도서관에서도 또 평일 서울 주변 등산로에서도 분명 아직 젊은데 백수로 사는 사람들을 많이 보고 있기 때문입니다.

자존심 때문이라면 자존심을 버리십시오. 또 남의 시선 때문이라면 그런 시선을 무시하십시오.

전 직장에서 퇴직한 한 선배는 서울에 있는 집을 팔고 지방으로 가서 그곳에서 아파트 경비원 생활을 하십니다. 서울에서 살아도 경제적으로나 가정적으로나 아무 문제가 없지만 일을 하기 위해서, 아니 그것보다 남의 눈이 무서워서 지방으로 간 것입니다. 우연히 그 아파트에 지인이 있어 알게 된 사실입니다.

이 서울 땅에서는 남의 시선이 무서워서 아파트 경비 일을 못 했던 것입니다.

하지만 남의 시선에서 벗어나니 가능했던 것입니다. 자존심은 나중에 죽을 때 가져가지 않습니다. 죽을 때 가져가려면 무거우니까 지금 빨리 내려놓으시기 바랍니다.

지금 당장 소일거리가 없고 경제적으로 어려운데 쓸데없는 자존심이 무슨 소용입니까?

자존심과 남의 시선에서 벗어나서 작은 허드렛일이나 남이 좋게 보지 않는 일을 해 보십시오. 그러면 남들이 박수를 쳐 줄 것입니다. 속으로는 다들 부러워할 것입니다.

과거 30여 년 전 일본으로 연수를 갔을 때 놀라운 점을 발견한 적이 있습니다.

그것은 건물의 경비가 그 회사의 전직 임원, 부장 출신들이라는 것이었습니다. 그들은 아침 출근을 하는 후배들을 경례로 맞이하고 있었습니다. 그때 의아하기도 하고 생소했습니다. 지금 우리나라도 과거 일본 같은 예가 많아졌지만 우리나라는 아직까지도 남의 시선을 의식하는 경우가 많습니다.

또 자식 결혼을 앞둔 경우에는 사돈집에서 알면 큰일 난다고도 이야기합니다.

이제 그런 시선을 겁낼 필요가 없는 세상입니다.

옛날 사고방식을 버리고 '갑'이 아닌 '을'의 인생을 인생 2막에서 찾아보십시오.

자기 자존심을 버리고 실속 있게 사는 삶, 그것이 오히려 자존감을 높여주고 건강하게 사는 삶, 실속 있는 삶이 아닐까요?

제 17강의

퇴직 후, 꼰대 소리를 듣지 않으려면

최근 "라떼는 말이야."라는 말이 유행입니다.

"나 때는 말이야."를 비꼬아서 하는 말입니다.

"나 때는 말이야."를 자주 쓰는 사람을 우리는 흔히 '꼰대'라고 얘기합니다.

그리고 꼰대를 이 세상에서 제일 싫어하고 멸시하고 조롱의 대상으로 삼으려 합니다. 또 조금만 자기 마음에 안 들면 꼰대로 묶어서 평가 절하를 합니다.

꼰대의 홍수 속에서 나이 든 사람을 매도하려는 경향이 사회 곳곳에서 드러나고 있습니다.

잔소리도 꼰대들의 대표적 유형이라고 생각해서 젊은 사람들은 윗사람이나 나이 든 사람이 조그만 충고나 가르침을 해도 원천 차단을 해 버립니다. 정말 안타까운 현실입니다.

과거에는 윗사람이나 나이 든 사람의 어떠한 말이라도 듣고 고개를 끄덕였는데 지금은 통하지 않는 사회가 되고 말았습니다.

나이 든 너희는 가만히 있어라. 그런 이야기가 아닐까요?

이러한 생각도 "꼰대가 하는 소리야."라고 들려와 귓전을 때립니다.

젊은 사람의 행동은 눈에 거슬리고 잔소리를 하자니 꼰대 소리를 듣고…. 안타깝습니다.

또 꼰대는 권위주의적이고 부정적이고 서열을 중시하고 자기중심적 사고방식을 지닌 사람을 말하는 것 같습니다. 나이 든 모든 사람이 꼰대는 아니지만 많은 나이 든 사람이 꼰대적 본성을 갖고 있는 것은 사실일 것입니다.

나이 들어 꼰대 소리를 듣지 않도록 노력해야 할 것 같습니다.

꼰대 소리를 듣지 않으려고 노력하는 것도 살아가는 지혜이고 우리의 숙제 아닐까요?

이러한 시대 흐름을 빨리 흡수하고 용해해서 '나는 그러한 사람이 되지 말아야지. 꼰대 소리는 듣지 말아야지.' 하면서 살아가는 마음…. 이것이 이 시대를 살아가는 지혜가 아닐까 생각합니다.

나이 들어서 꼰대 소리를 듣지 않고 살려면 어떻게 해야 할까요?

첫 번째, 표정을 밝게 지어 보세요.

우리나라 노인들의 표정은 항상 굳어 있습니다. 마치 무슨 화라도 난 것 같은 표정입니다.

표정이 굳어 있으면 무슨 안 좋은 일이 있다고 생각해서 주위 사람들이 대화도 안 하려 하고 겁을 냅니다. 사랑스러운 손자들까지도 할아버지가 무섭다고 가까이 오지 않습니다.

그러나 표정이 밝으면서 웃음기를 띠고 있으면 주위 사람들이 다가오고 존경하는 마음을 갖게 됩니다.

두 번째, 말을 줄입시다.

말이 많은 사람은 배우자도 싫어하고 자식들도, 친구들도 다 싫어합니다.

말이 많아지면 또 실수를 합니다.

나이 들어서는 가급적 말을 줄이고 꼭 필요한 말을 함으로써 내 말의 신뢰성을 높여야 합니다. 예전 잘나갈 때 생각만 하고, '내가 누군데! 내가 옛날에 이런 사람이었어!' 하는 생각으로 말을 하게 되면 주위 사람들이 떠나고 꼰대 소리를 듣게 됩니다.

세 번째, 항상 긍정적인 답변을 하세요.

대화를 할 때 상대방의 말을 긍정적으로 받아들여서 그 대화가 오래 유지될 수 있도록 노력해야 합니다.

상대방의 말이 틀리고, 나와 생각이 다르다고 해도 상대방의 말에 토를 달지 말고 네 말이 맞다는 긍정적 답변을 하면 상대방도 좋게 답변을 하게 됨으로써 상대방과 오래 대화를 이어 갈 수 있습니다.

네 번째, 젊은 사람 위주의 의사 결정을 하도록 배려합시다.

"무엇을 먹을까?" "어디를 갈까?" 하는 사소한 문제부터 중요한 의사 결정을 할 때 젊은 사람들의 의견을 듣고 다수결로 결론을 낼 수 있도록 인내하며 들어 주는 마음가짐을 가져서 마음 넓고 신세대 노인으로 인정받도록 노력해야 합니다. 그렇게 해야 멋있는 어르신 소리를 들을 수 있습니다.

다음은 꼰대 자가 테스트입니다.

몇 개가 해당되는지 보시고 요즘 젊은 세대가 말하는 꼰대는 어떤 것인지 느껴 보시기 바랍니다.

〈꼰대 자가 테스트〉

1. 사람을 만나면 나이부터 확인하고 나보다 어린 사람에게는 반말을 한다.

2. 요즘 젊은이들이 노력은 하지 않고 세상 탓, 불평불만만 하는 건 사실이다.

3. 후배의 장점이나 직업을 보면 자동 반사적으로 그의 약점을 찾게 된다.

4. "내가 너만 했을 때…."라는 얘기를 자주 한다.

5. 나보다 늦게 인사하는 후배가 거슬린다.

6. 커피나 담배를 알아서 대령하지 않거나 회식 자리에서 삼겹살을 굽지 않아 기어이 나를 움직이게 만드는 것은 불쾌하다.

7. 자유롭게 의견을 얘기하라고 해 놓고 나중에 보면 내가 먼저 답을 제시했다.

8. 내가 한때 잘나가던 사람이었다는 사실을 알려 주고 싶은 마음이다.

9. 연애, 자녀 계획 등 사생활도 인생 선배로서 답을 제시할 수 있다.

10. 후배가 내 의견에 반대하면 인정하면서도 기분이 나쁘다.

체크해 보니 몇 개나 해당되나요? 이런 점은 고치는 노력이 필요합니다. 그래야 꼰대 소리를 듣지 않습니다.

제 18강의

18

노후 일자리는 가까운 곳에 있다

요즘 주말이 되면 PGA 골프 중계방송을 자주 봅니다.

우리나라 골프 선수들의 활약이 대단합니다.

김시우 선수를 비롯해서 임성재 선수, 김주형 선수, 김성현 선수, 안병훈 선수 등이 좋은 성적을 나타내고 있으니 골프 채널에 눈이 갑니다.

과거에는 우리나라 여자 골프 선수들이 LPGA에서 좋은 활약을 했지만 요즘은 남자 선수들도 잘해서 한국 사람으로서 기분이 좋습니다.

그런데 TV 중계를 보다 PGA 골프장에서 재미있는 것을 발견했습니다.

골프장에서 아주 나이 많은 노인분들이 조그만 깃발을 들고 서 있는 것입니다.

그래서 뭐 하는 분들인지 호기심을 갖고 지켜봤더니, 골퍼가 골프공을 칠 때 페어웨이가 아닌 쪽에 공이 떨어지면 쫓아가서 그곳 근처에 깃발을 꽂고 공이 이곳에 있다고 표시를 해 주는 것이었습니다. 그렇게 하면 원활

한 진행이 이루어졌습니다.

아주 나이가 많으신 분들이 홀마다 공이 떨어질 만한 곳에 계시면서 나름의 역할을 하고 계셨던 것입니다.

'와, 저거다.'라는 생각이 들었습니다.

나이 드신 분들의 소일거리로 딱 맞는 그런 일처럼 보였습니다.

그런 깃발 꽂는 일을 젊은 사람이 했으면 지루해서 갑갑해했을 것이고 비용 면에서도 더 많은 돈이 들어갔을 것입니다. 나이 드신 분들이 하니까 딱 제격이라는 생각이 들었습니다.

나이가 들어 하루 종일 또는 힘든 일은 하기가 힘든데 하루에 5~6시간 내에 하는 일, 그리고 약간의 돈은 받는 그런 일들은 퇴직한 분이나 노인들에게 알맞은 일일 것입니다.

우리나라도 그런 일자리를 많이 만들면 어떨까요?

그런 일을 많이 만들어서 일을 원하는 노인분들께 일자리를 제공하면 얼마나 좋을까 생각해 봅니다.

그러면 나이 드신 분들이 직장을 잡으려고 하는 이유는 무얼까 고민해 봤습니다.

첫 번째, 생활비 보탬입니다.

팬데믹 이후 인플레이션이 일어나 돈을 쓰기가 겁이 날 정도입니다. 전기세, 음식값, 술값 등등 안 오른 것이 없을 지경입니다.

퇴직 전에 '이 정도면 되겠지.'라고 생각했지만, 생활 물가가 올라서 옛날 기준으로는 많이 모자랍니다.

조금이라도 가정에 보탬이 되어야겠다는 생각에 일을 하려 합니다.

두 번째, 무료해서 직장을 희망하는 것입니다.

집에서 아무것도 하지 않고 있으면 정말 하루하루가 힘듭니다.

집에만 있으면 부부끼리 매일 싸움만 합니다. 또 건강에도 안 좋습니다.

세 번째, 일하는 즐거움이 있을 것입니다.

'아직 사회가 나를 필요로 하는구나…'라고 느낄 것이고 또 일을 하니까 그에 따른 성취감 등이 있을 수 있습니다.

이러저러한 이유로 직장을 찾는데, 제 경험상으로도 그렇고 민간 쪽보다는 공공 쪽에서 찾으면 나이에 적당한 일자리가 많이 있습니다.

노후에 민간 기업 쪽에서 양질의 일자리를 찾는 데는 여러 문제로 어려움이 있을 수 있습니다. 수익을 내야 하는 입장에서는 노인들을 쓰기가 쉽지는 않을 것으로 생각됩니다.

저도 한동안 '잡코리아'에 이력서도 올려놓고 기다려 봤지만 나이가 많아서인지 연락이 오는 곳이 한 곳도 없었습니다.

그래서 적극적으로 여기저기에 구직 이력서를 넣어 봤지만 역시나 직장을 구하기는 쉽지 않았습니다.

그럼 노후에 좋은 일자리와 공공 쪽 일자리는 어디서 알아볼까요?

1. 워크넷으로 찾기

워크넷은 고용노동부에서 운영하는 사이트로 거의 모든 취업 정보를 찾을 수 있습니다. 특히 '장년 우대 채용' 정보가 따로 있어서 퇴직자들에게 유용한 정보를 제공합니다.

검색 방법은 워크넷 검색 창 옆에 일자리 검색 클릭 후, 검색 조건 더 보기 클릭 후, (준)고령자(50세 이상)를 체크하면 됩니다.

2. 서울일자리포털 이용하기

서울 거주자는 서울일자리포털을 활용하십시오.

취업 정보, 구직자 교육 등을 제공하기 때문에 활용도가 높습니다.

서울일자리포털에는 채용 정보나 교육 훈련뿐만 아니라 창업 지원, 일자리 서비스, 일자리 뉴스, 우수 중소기업의 일자리 등 취업에 관한 다양한 정보가 있으니 일자리를 찾는 데 활용하시면 좋습니다.

3. 각 지방 일자리재단 활용하기

각 지방에도 이와 같은 일자리재단이 있습니다.

경기도 일자리재단, 강원도 일자리재단, 울산 일자리재단, 인천 일자리재단 등….

또 각 구청, 군청 등에도 일자리 지원 센터가 있습니다.

또 네이버나 다음 같은 포털 사이트에서 노인 일자리라고 검색하면 노인들의 공공시설 봉사, 노노 케어, 취약 계층 지원 등의 일자리 안내 사이트가 있으니 참고하시면 좋습니다.

매일 새로운 일자리가 올라오니까 자주 검색하면 나에게 적합한 일자리를 찾을 수 있습니다.

하루 종일 일하지 않고, 몇 시간 일할 수 있는, 나의 체력에 맞는 일자리도 찾을 수 있습니다.

나이가 들어도 일을 해서 건강하고 활기찬 노후를 보내십시오.

제 19강의

아내가 사랑한 남자들

제 아내의 옛날 남자들을 말하려고 하는 것이 아닙니다.

제 아내가 잊지 못하고 사랑하는 남자들은 바로 송해 선생님과 이순재 선생님입니다.

한 분은 이미 돌아가셨고 한 분은 지금도 연예인으로 왕성하게 활동하고 계십니다.

제 아내가 송해 선생님을 사랑하는 이유는 〈전국노래자랑〉을 많이 봐서 그런 것도 아니고 살아생전 송해 선생님의 멋진(?) 외모 때문도 아닙니다.

그것은 바로 90세가 넘어서도 왕성하게 활동하시고, 90세가 넘어서도 매일 밖으로 나가셔서 돈을 벌어 오니까 그것 때문에 사랑한 것입니다.

제 아내뿐만 아니라 한동안 대한민국의 모든 아줌마, 할머니가 유머로 송해 선생님을 제일 좋아한다고 하며 이야기꽃을 피우던 때가 있었습니다.

지금은 작고하셔서 송해 선생님을 뵐 수 없지만, 왕성한 활동력과 서민

적인 인간미는 본받을 만하다고 생각합니다.

송해 선생님이 95세의 연세로 돌아가시고 나서 '이제는 아내가 사랑하는 사람이 없겠지.'라고 생각했는데 한 사람이 또 나타났습니다.

그 사람 이름은 이순재. 탤런트 이순재 선생님입니다.

지난 4월, 텔레비전 프로그램 〈스타다큐 마이웨이〉에 나온 이순재 선생님을 보고는 아내는 저에게 들으라는 식으로 크게, 아주 크게 이순재 선생님을 사랑한다고 이야기했습니다.

이유를 들어 보니 이순재 선생님이 금년에 90세이신데, 아직도 탤런트 활동을 하시고 연기 학원을 운영하며 아이들 연기도 가르치시고 또 요즘은 연극을 한다고 열일을 하시니까 좋아하고 사랑한다는 이야기였습니다.

하기야 이순재 선생님이 34년생이신데 저렇게 현역으로 뛰시니….

저는 이순재 선생님보다 24년이나 젊은데…. 그런데 자꾸 은퇴 이야기나 하고 있으니 무위도식하려는 저에게 경각심을 주기 위해서 자꾸 이순재 선생님을 사랑한다고 이야기하는 것 같습니다.

송해 선생님이나 이순재 선생님이 정말 대단하기는 합니다. 두 분 다 90세 이상까지도 활동하시니 복 받으신 분들이라고 생각합니다.

제 아내와 전국의 아줌마, 할머니가 사랑할 만합니다.

90이 넘어서도 왕성하게 활동하시고 아침 일찍 나가서 저녁 늦게 들어와 매끼 밥상 차릴 일 없지, 유명 연예인이라서 돈도 많이 벌어 오지….

제가 여자라도 그렇게 생각하겠습니다. 저는 무언가 자괴감이 듭니다.

아내가 TV에 나온 사람들과 저를 비교하는 것이 하루 이틀 일이 아니지만 저 사람들처럼 90까지 활동하려면 앞으로 24년…. 24년이면 무얼 못 하겠습니까!

한 가지 일을 24년 하면 어떤 분야라도 박사 아니라 그 이상도 가능합니다.

두 분이 저의 좋은 롤 모델인 것입니다.

여러분은 어떤가요? 송해 선생님과 이순재 선생님의 사례.

저와 같은 60대인 분들은 90세까지 활동할 수 있는 체력을 갖고 있다고 생각합니다.

저분들보다 영양 상태도 좋고 의료 혜택을 많이 받아 왔기 때문에 90세가 아니라 100세까지도 활동할 수 있을 것입니다.

여러분! 지금 바로 소파에서 일어나 앞으로 30년 일할 것을 찾으십시오.

늦었다고 생각할 때가 제일 빠를 때라고 하지 않습니까?

저도 송해 선생님과 이순재 선생님 덕에 저의 길을 찾았습니다.

은퇴 이야기와 무위도식을 뒤로하고 90세까지 강의하며 살 것이라고 결심합니다.

제 아내가 다른 남자를 다시는 사랑하지 않도록 말입니다.

제 20강의

인생의 성공 여부는 노후의 삶에 달려 있다

인생살이가 길어졌습니다.

퇴직 이후의 삶이 길어졌습니다.

예전엔 퇴직을 하면 조금 있다 바로 돌아가시고 해서 노후가 긴지 별로 실감하지 못하였던 것 같습니다.

이젠 내 자식이 70세가 넘는 것을 보게 될지도 모릅니다.

제 딸이 70세가 되어도 저는 100살도 안 됩니다.

주변을 보면 100세가 넘었어도 아직 정정한 삶을 사는 사람이 많이 있습니다.

이제는 100세 시대로 접어들었습니다.

하지만 직장의 정년은 50세 후반이나 60세 초반입니다. 아니 이것보다 더 짧은 정년을 가진 경우도 많습니다.

50대, 60대의 삶을 가지고 그 사람의 성공을 평가하는 시대에서, 제2의 인생에서 무엇을 하고 있는가에 따라서 성공을 평가하는 세상이 오고 있습니다.

인생 1막을 성실히 살았더라도 노후가 불행하거나 새로운 인생 2막에 도전하지 못하고 그 자리에 머물러 있으면 노후가 정말이지 불행할 수 있습니다.

인생이 길어지다 보니 직업이 하나로 끝나지 않고 직업을 3~4개도 가질 수 있습니다.

젊어서부터 노후에 무슨 일을 할지 생각해야 합니다.

현재 직장에서 만족을 못 하더라도 퇴직 후에 재미있고 보람찬 일을 할 수 있도록 지금부터 찾아야 합니다. 그 시간은 빠를수록 좋습니다.

직장을 잡은 후 바로 퇴직 후를 생각하는 것은 좀 그렇지만, 입사 후 어느 정도 시간이 흐르면 퇴직 후의 인생을 찾아야만 합니다.

성공한 인생을 살기 위한 인생 2막을 준비해야 합니다.

성공한 인생은 바로 노후를 어떻게 보내느냐에 달려 있습니다.

학교에 다닐 때 공부를 좀 못해서 조금 아쉬운 직장을 잡았다 하더라도 직장에 다니면서 퇴직 후의 삶을 생각하고 개척해야 합니다.

인생이 아주 길어졌습니다. 자식이 70살이 될 때까지도 살게 되었습니다.

인생의 성공 여부는 노후에 무엇을 어떻게 하느냐에 달려 있습니다.

젊어서, 아주 젊어서부터 길어진 퇴직 후를 생각해야 합니다.

제 21강의

자연인이 되고 싶다

한때 〈나는 자연인이다〉라는 다큐 프로그램을 자주 본 적이 있습니다.

〈나는 자연인이다〉 프로그램에 나오는 출연자들의 생활을 동경해서 저도 자연인이 되고 싶었습니다.

그런데 자연인이 되고 싶다고 여러 친구에게 이야기했더니, 자기들도 그런 생각을 갖고 있다고 말하는 것이었습니다.

깜짝 놀랐습니다. 생각보다 많은 사람이 그런 생각을 하고 있었습니다.

술자리에서 〈나는 자연인이다〉 이야기를 하면 모두 다 행복해했습니다.

모두 퇴직할 나이의 친구들인데 왜 다들 〈나는 자연인이다〉 프로그램 출연자를 부러워했을까요? 저도 그렇고요…. 일종의 현실 도피 아닐까요?

현대 사회에서 살아가는 우리네 삶의 관계를 다 끊고 그냥 확! 산속에 박혀 살면 좋을 것 같은, 그런 현실 도피인 것입니다.

복잡한 현실 속에서 벗어나 시골 아무도 없는 곳에 가서 혼자 살면 마누

젊어서 노후 준비 퇴직 후 노후 실천

라의 잔소리도 안 듣고 지겹게 쏟아지는 스마트폰 연락망을 다 차단할 수 있을 것 같고⋯. 식구들과 복작거리면서 숨을 곳 없는 아파트에서 사는 현실⋯. 그 현실이 너무도 골치 아프고, 피하고 싶다는 마음이 한편에 있었던 것 같습니다.

또한 퇴직할 즈음에 준비된 인생 2막도 없고 다시 도전하기는 무섭고, 힘들고⋯. 그저 무위도식하고 싶은 마음에 우리 모두는 그런 생각을 했을 것입니다.

저는 자연인이 되고 싶어서 〈나는 자연인이다〉에 나오는 음식들을 직접 해 보고 땅도 알아보고 하였습니다.

그런데 어느 날부터인가 시들해졌습니다. 그 시골 산속에 들어가서 살려니 밥도 스스로 해 먹어야 하고⋯. 여름에는 벌레와 모기와의 전쟁, 거기다 겨울은 춥고⋯. 자식, 손자들과 왕래가 끊어질 것 같고⋯. 소심한 저는 다시 생각했습니다.

게다가 〈나는 자연인이다〉에 출연하는 이승윤 씨를 우연히 만나서 대화를 나눈 적이 있는데 그곳 생활이 여유롭고 한가하지만은 않다는 얘기를 들었습니다.

그것도 그럴 것이 겨우내 나무로 불 피우면서 설거지, 빨래를 해야 하고 또 음식을 하고 난 뒤에는 찬물로 설거지를 하고⋯. 어느 것 하나 만만한 일이 아니었습니다. 여름에는 에어컨도 없지요.

생각해 보니 이거 군대에 한 번 더 가는 기분입니다. 지금도 가끔 군대 꿈을 꾸면서 땀을 흘리곤 하는데⋯.

또 아내에게 자연인이 되고 싶다고 하니까 아내가 당신은 일주일도 못

버틴다면서 비웃는 것이었습니다. 그래서 웃고 말았지만….

생각해 보니 도시에서 일평생을 보낸 사람이 자연인이 된다? 말도 안 되는 소리이긴 합니다.

그래서 최근에는 자연인이 되고 싶다는 마음이 사라져 버렸습니다.

도시에서 그냥 살아야겠다. 그렇게 마음먹었습니다.

병원도 가깝고, 술친구도 있고, 도서관도 가까이 있고, 지하철도 공짜고…. 여름에는 에어컨도 많은 도시에서 살아야겠다고 마음이 바뀌었습니다.

그리고 자연인이 되고 싶다는 친구들 말을 들어 보니…. 결국은 잔소리 많은 마누라를 피해서 살고 싶다는 마음인 것입니다.

예, 마누라 잔소리가 지겹기는 합니다.

하지만 여름에는 더위, 모기…. 겨울에는 추위와의 싸움! 그것보다 더하겠습니까?

나이 들어서는 마누라 잔소리를 노랫소리라고 생각하는 지혜가 필요합니다.

여러분! 주위에서 자연인이 되고 싶다고 얘기하는 분이 있다면 마누라와 살기 싫다는 뜻입니다. 그렇게 아세요. 어떻게 그렇게 잘 아냐고요? 제가 그랬으니까요.

제 22강의

22

팀을 짜면 노후가 더 신난다

저는 한동안 노래 유튜버가 되기 위해서 노래 부르는 것을 찍어서 유튜브에 올린 적이 있었는데요. 그때 영상을 찍은 곳이 있었습니다.

그곳은 3명이 함께 돈을 모아서 임대를 한 장소인데 거기서 각각 다른 시간에 노래 교실을 열었습니다.

혼자 하면 임대료니 인테리어니 장비 구입이니 비용이 드니까 퇴직한 사람끼리 돈을 모아서 노래 교실을 차리고 각각의 시간에 노래 교실을 열어서 사람을 모아 수입을 챙기는 시스템이었습니다.

저는 그곳에서 약간의 비용을 지불하고 노래 녹음을 한 적이 있는데요. 나이 들어 소일거리와 수입을 함께 얻을 수 있는 방법이라고 생각했습니다.

다른 퇴직자 두 분은 나무 제작 공방을 차려서 취미 생활을 하다가 점점 기술이 늘어서 이제는 판매까지 하는 수준이 되어 꽤 짭짤한 수입을 얻는 것을 본 적도 있습니다.

이렇듯 나이 들어서 혼자 하기에는 경제적 부담도 되고, 심심하기도 하고, 또 과거 경험을 합해서 좋은 시너지를 내기 위한 합작 사업소(?), 합작 취미소(?) 같은 것을 만들어 공동 작업을 하는 경우가 늘고 있습니다.

또 한 팀은 색소폰 연주실을 3명이 함께 만들어 연주를 하고 동호회 모임도 하면서 시간을 보내고 약간의 수입도 얻습니다.

노후에 시간은 많고 취미 생활은 하고 싶고 시간을 보낼 곳은 마땅치 않으니 좋은 생각입니다. 이곳에서 수입도 생기면 더 좋고요….

나이 들어서 아침에 일어나 갈 곳이 있다는 것은 대단한 행복입니다.